健全常住地
提供基本公共服务
制度研究

魏义方 邢伟 等著

中国言实出版社

图书在版编目(CIP)数据

健全常住地提供基本公共服务制度研究 / 魏义方等著. -- 北京：中国言实出版社，2023.12
ISBN 978-7-5171-4616-2

Ⅰ.①健… Ⅱ.①魏… Ⅲ.①社会服务—研究—中国
Ⅳ.①D669.3

中国国家版本馆CIP数据核字（2023）第255862号

健全常住地提供基本公共服务制度研究

责任编辑：佟贵兆
责任校对：王战星

出版发行：中国言实出版社
　地　　址：北京市朝阳区北苑路180号加利大厦5号楼105室
　邮　　编：100101
　编辑部：北京市海淀区花园路6号院B座6层
　邮　　编：100088
　电　　话：010-64924853（总编室）　010-64924716（发行部）
　网　　址：www.zgyscbs.cn　　电子邮箱：zgyscbs@263.net

经　　销：新华书店
印　　刷：北京虎彩文化传播有限公司
版　　次：2024年1月第1版　　2024年1月第1次印刷
规　　格：710毫米×1000毫米　　1/16　　12.25印张
字　　数：170千字

定　　价：58.00元
书　　号：ISBN 978-7-5171-4616-2

─ 目 录

总报告

健全常住地提供基本公共服务制度研究…………………………… 1

一、理论基础：基本公共服务由常住地供给的理论阐释 ……………2

二、供给现状：政策制度改革与服务供给进展 ………………6

三、需求特征：外来常住人口基本公共服务需求 ………………17

四、难点痛点：常住地政府提供基本公共服务的制约因素 ………28

五、典型经验：人口流入地政府的先行先试 ………………35

六、政策建议：健全常住地提供基本公共服务制度的路径选择 … 39

专题报告之一

常住地提供基本公共服务的政策演进与现状分析…………………51

一、由常住地提供基本公共服务的重要意义 ………………52

二、由常住地提供基本公共服务的政策演进 ………………53

专题报告之二

常住地提供基本公共服务的城市差异与对策研究·············· 84

一、分城市类型差异化推进常住地提供基本公共服务的必要性 ··· 85

二、常住地提供基本公共服务的城市类型划分总体思路 ·········· 91

三、常住地提供基本公共服务的城市类型划分方法与方案 ········ 96

四、不同城市推进常住地提供基本公共服务的政策重点 ·········· 102

五、不同类型城市推进常住地提供基本公共服务的时序探讨 ····· 109

专题报告之三

以居住证为载体的外来常住人口基本公共服务享有机制研究········· 117

一、研究背景 ············· 117

二、既有文献综述 ············· 120

三、重点城市居住证制度差异分析 ············· 122

四、重点城市居住证制度存在的问题 ············· 133

五、对策建议 ············· 135

专题报告之四

外来常住人口基本公共服务需求与供给成本分析················ 139

一、外来常住人口规模和特征 ············· 140

二、外来常住人口基本公共服务需求分析 ············· 143

三、外来常住人口基本公共服务供给成本测算 …………… 147

四、对策建议 …………………………………………… 156

专题报告之五

健全常住地提供基本公共服务制度的国内外实践与经验…………… 158

一、江苏省：基本公共服务区域内均等化 …………… 158

二、浙江省：增强市民化要素保障能力 …………… 160

三、广东省：推动落实公共资源随人走 …………… 162

四、欧盟："多元"与"协调"的设计理念 …………… 163

五、美国：以法律、税收等杠杆实现权责统一 …………… 166

六、评价分析 …………………………………………… 167

调研报告

外来常住人口与户籍人口基本公共服务差距有多大？

——基于深度访谈和问卷调查的分析 …………… 175

一、调研背景和调研设计 …………………………… 176

二、基本公共服务在人群、地区、需求领域三大方面存在差异 … 178

三、调研启示与对策建议 …………………………… 187

健全常住地提供基本公共服务制度研究

　　推动基本公共服务覆盖全部常住人口，重点要关注流动人口，关键在于调动地方政府的积极性。近年来，流动人口举家迁移在城市形成更高公共服务需求，"抢人大战"中地方政府将有限的公共服务资源向人才倾斜，疫情发生以来财政运行紧平衡状态加剧，这些新情况给常住地政府提供基本公共服务带来新挑战。需要厘清堵点痛点，健全常住地提供基本公共服务制度。

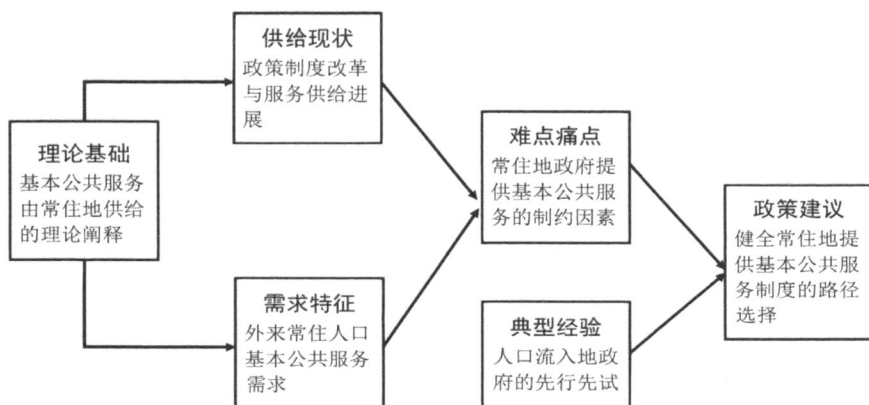

图 1-1　总报告研究技术路线图

说明：笔者绘制。

一、理论基础：基本公共服务由常住地供给的理论阐释

（一）健全常住地提供基本公共服务制度意义重大

1. 以人民为中心的发展思想的重要体现

坚持以人民为中心的发展思想是我国经济发展的根本立场。坚持人民至上，体现在经济社会发展的各个环节，就是要在发展中不断保障和改善民生，促进全体人民共同富裕。基本公共服务是保障全体人民生存和发展基本需要、与经济社会发展水平相适应的公共服务，是兜住兜牢民生底线的安全网。由于公共服务与户籍挂钩，流动人口难以与户籍人口平等享有城市发展成果，导致城乡二元结构和城市内部新的二元结构（葛延风，2016）。这既不利于维护社会公平，也在城市发展中带来了潜在问题和矛盾。推动实现基本公共服务由常住地提供，逐步让外来常住人口享有与户籍人口同等权益和基本公共服务，是破解二元结构难题的关键之举，有助于加快流动人口融入城市社会生活，促进社会公平正义与和谐稳定，增强人民群众的获得感、幸福感、安全感。

> **专栏：基本公共服务的概念与范围**
>
> 我国先后印发了三部基本公共服务领域相关规划，即《国家基本公共服务体系"十二五"规划》（国发〔2012〕29号）、《"十三五"推进基本公共服务均等化规划》（国发〔2017〕9号）、《"十四五"公共

服务规划》(发改社会〔2021〕1946 号),对国家基本公共服务的制度安排进行了阐释,明确了基本公共服务的概念、范围、标准。公共服务包括基本公共服务和非基本公共服务两大类。

基本公共服务:是保障全体人民生存和发展基本需要、与经济社会发展水平相适应的公共服务,由政府承担保障供给数量和质量的主要责任,引导市场主体和公益性社会机构补充供给。

非基本公共服务:是为满足公民更高层次需求、保障社会整体福利水平所必需但市场自发供给不足的公共服务,政府通过支持公益性社会机构或市场主体,增加服务供给、提升服务质量。

基本公共服务范围:主要涵盖幼有所育、学有所教、劳有所得、病有所医、老有所养、住有所居、弱有所扶、优军服务保障和文体服务保障等领域的公共服务,《国家基本公共服务标准(2021 年版)》提出了现阶段政府兜底保障的 9 大领域 22 类 80 项基本公共服务项目。

本报告中基本公共服务的范围采用国家基本公共服务标准中的界定内容。

——说明:引自《"十四五"公共服务规划》

基本公共服务均等化是促进全体人民共同富裕的重要任务之一。不同群体间基本公共服务存在较大差距,是基本公共服务供给的突出短板。在基本公共服务供给与户籍相挂钩的政策制度下,规模庞大的外来常住人口在城市工作生活,但难以与城市户籍人口享有同等水平的公共教育、社会保障等基本公共服务。随着城镇化进程的持续推进,户籍人口城镇化率和常住人口城镇化率依然保持较大差距。我国城镇化进入中期偏后阶段,从城镇化质量上来看,2021 年户籍人口城镇化率仅为 46.7%,滞后常住人口城镇化率 18 个百分点。这也意味着 2.6

亿居住在城镇的农业转移人口难以同等享受城镇户籍居民的基本公共服务待遇。

让农业转移人口获取大体等同的公共服务权利，可显著提高其城镇生活的便利性和家庭迁移的完整性（马晓河、胡拥军，2018），进而降低人力资本的流动成本，促进劳动力要素的自由流动。缩小群体中基本公共服务差距，也有助于提升人力资本、增强致富能力，进而扩大中等收入群体规模并缩小人群间贫富差距（黄群慧、刘尚希等，2021）。这就要求健全常住地提供基本公共服务制度，不断缩小人群中基本公共服务差距。

2.构建新发展格局的必然要求

扩大内需是构建新发展格局的战略基点。流动人口是经济活力的"风向标"，让其均等享有城镇基本公共服务，解除家庭消费后顾之忧，在拉动消费的同时还能带动政府投资，助力提振内需。

一方面，有利于释放消费潜力，优化消费结构。由于难以享有与城镇户籍人口均等的基本公共服务保障，农业转移人口等城市非户籍常住居民消费存有后顾之忧，降低了其消费倾向（蔡昉等，2019）。国家统计局调查数据显示，外出农民工人均消费支出不足城镇居民人均消费支出的六成。通过健全常住地提供基本公共服务制度，让非户籍常住人口均等享有城市基本公共服务，将显著提升3亿群体的消费能力，释放巨大的消费潜力。此外，从消费结构上来看，外来常住人口生存型消费支出占比相对较高，服务类消费支出占比明显低于城市户籍居民，基本公共服务城镇常住人口全覆盖也将有助于提高其发展型和享受型消费比例，促进消费结构的改善。

另一方面，有利于带动城市基础设施和公共服务投资。国家统计局数据显示，2021 年进城农民工人均居住面积 21.7 平方米，仅为城市居民人均住房面积的一半左右[①]。促进农业转移人口市民化，改善进城农民工的住房条件，可显著拉动城市住房投资。促进流动人口在常住地更好的享有公共教育、医疗卫生等公共服务，也将带动流入地在学校、医院、保障房等公共服务设施的政府投资。

（二）财政受益原则下基本公共服务由常住地供给的依据

财政受益原则作为财政分权的基础理论，为常住人口尤其是非户籍常住人口的基本公共服务政府间供给责任划分提供了基本依据。基于这一原则，政府间财政事权应依据受益范围进行分配，即"谁受益谁负担"、"谁负担谁受益"，受益者所承担的责任应与其受益相对等。

从受益范围来看，常住地是人口流动的主要受益者。规模庞大的流动人口为常住地带来巨大贡献。一是显著促进劳动密集型制造业、服务业发展和消费增长，拉动常住地经济增长。人口城乡和城城间大规模流动增加了流入地劳动力供给总量，为劳动密集型产业发展提供了人口红利。消费水平和结构的改善，也有益居住地消费等内需增长。中国社科院对地级市层面的数据研究发现，流动人口数量每增加 1 个百分点，可带动当地生产总值提高 0.54 个百分点（王志勇，2013）。二是以青壮年为主的人口结构，大幅缓解常住地社保压力。流动人口中的青壮年人口参加常住地的基本养老保险，可以提高基本养老保险基金的抚养比，有利于基金的短期收支平衡和长期可持续运行。

---

① 国家统计局 2019 年 7 月 31 日发布的《建筑业持续快速发展 城乡面貌显著改善——新中国成立 70 周年经济社会发展成就系列报告之十》指出，2018 年，城镇居民人均住房建筑面积 39 平方米。农民工居住面积数据来源于《2021 年农民工监测调查报告》。

此外，从信息复杂程度来看，相较人口流入地或中央政府，常住地政府对流动人口的劳动就业、社会救助等公共服务实时需求信息的获取和处理更有优势。当然，由于不同领域公共服务的异质性，一些跨区域、外溢性较强的公共服务需要央地政府共同承担以及流入地流出地的有效协作。但作为人口流动的受益主体，常住地政府理应承担非户籍常住人口基本公共服务的供给主体责任。

二、供给现状：政策制度改革与服务供给进展

（一）政策制度改革进展

推动常住地政府提供基本公共服务，一种途径是通过户籍管理制度改革，让更多的外来常住人口落户，进而享有城市基本公共服务权益；另一种则是扩大基本公共服务的覆盖范围，推动基本公共服务与户籍相剥离，让更多的非户籍人口享受到城市基本公共服务。

1.逐步深化户籍制度改革

改革开放以来，我国户籍管理制度经历了从城乡二元户口下的严格限制户口迁移，到逐步调整放松迁移限制，再到城乡一元化改革并有序放开宽城市落户限制的演变过程（如图 1-2 所示）。上世纪 80 年代初期，在集镇层面，"农转非"（农业户口转为非农业户口）等户籍政策有所松动，突破了严格限制农村居民向城市迁移的二元户籍制度。此后，我国先后建立实施暂住证制度，在小城镇探索蓝印户口政策，并将小城镇落户由计划指标管理转向条件准入，为促进劳动人口在城乡间、地区间有序流动奠定了有益基础。但是这一阶段的改革更

强调对流动人口的管理，而忽视对外来人口的基本公共服务等权益。随着人口迁移流动的加快，以推进城镇基本公共服务常住人口全覆盖为主要目标之一的新型户籍制度改革也进入快速推进阶段。

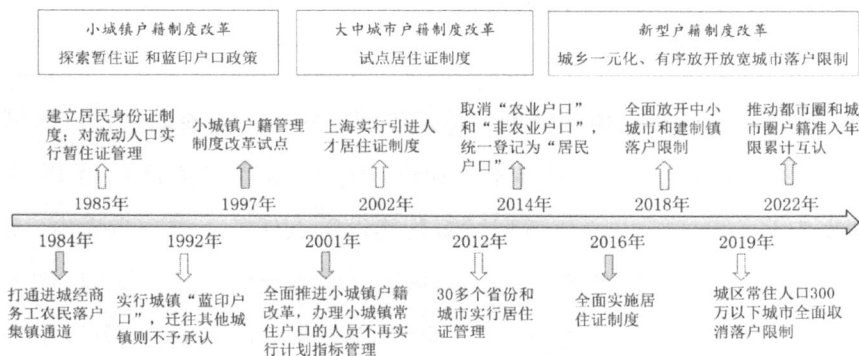

图 1-2　户籍制度改革历程

说明：根据相关政策文件整理。

（1）全面建立并实施居住证制度，让外来人口梯度享有公共服务

为了缓解大规模外来人口难以享受市民待遇等问题，新世纪以来，一些城市开始探索建立居住证制度，梯度赋予流动人口市民权益，缩小外来人口和本地户籍人口基本公共服务待遇差别。2002 年，上海市面向引进人才试行居住证制度，持证人员可享有子女教育和社会保险等公共服务。此后其他城市陆续引进居住证制度并取代暂住证制度，到 2012 年已有 30 多个省份和城市实行了居住证管理（陆杰华等，2015）。2014 年 7 月，国务院发布《关于进一步推进户籍制度改革的意见》，启动新一轮户籍制度改革，提出要全面实施居住证制度。

在地方先行先试的基础上，2016 年起《居住证暂行条例》正式实施，标志全国层面居住证制度的建立。根据相关规定，居住证作为常住人口在居住地享有基本公共服务的载体，持有人可享有义务教育、基本公共就业服务、基本公共卫生服务和计划生育服务、公共文化体育服务、法律援助和其他法律服务以及国家规定的其他基本公共服务，这六大类基本公共服务内容。

（2）全面放开中小城市落户限制，加快农业转移人口落户城镇

随着城市落户门槛的降低，越来越多的农民工等流动人口成为城市新市民。在全面放开中小城市①和建制镇落户限制的基础上，国家发展改革委印发的《2019年新型城镇化建设重点任务》进一步提出，II型大城市全面取消落户限制、I型大城市全面放开放宽落户条件、超大特大城市调整完善积分落户政策。随着城区常住人口在300万以下的城市全面取消落户限制政策落地，深化户籍制度改革的重点集中在人口大量流入的大城市。对这些大城市，尤其是超大、特大城市，居住证制度在一定程度上为外来常住人口提供了在流入地享有部分基本公共服务的途径。这有力推进了城镇基本公共服务常住人口全覆盖。

2.推进基本公共服务均等化

"基本公共服务实现均等化"是到2035年基本实现社会主义现代化远景目标之一。"基本公共服务由常住地供给"逐步成为公共服务改革的政策方向。近年来，我国大力推动基本公共服务人群间均衡发展，促进基本公共服务逐步覆盖全部城镇常住人口，不同群体间基本公共服务差距不断缩小。

---

① 根据国务院对城市类型的划分，目前，我国城市规模根据城区常住人口数量不同划分为五类，其中城区常住人口在50万以下的为小城市，50万以上100万以下的为中等城市，100万以上500万以下的为大城市，500万以上1000万以下为特大城市，1000万以上为超大城市。

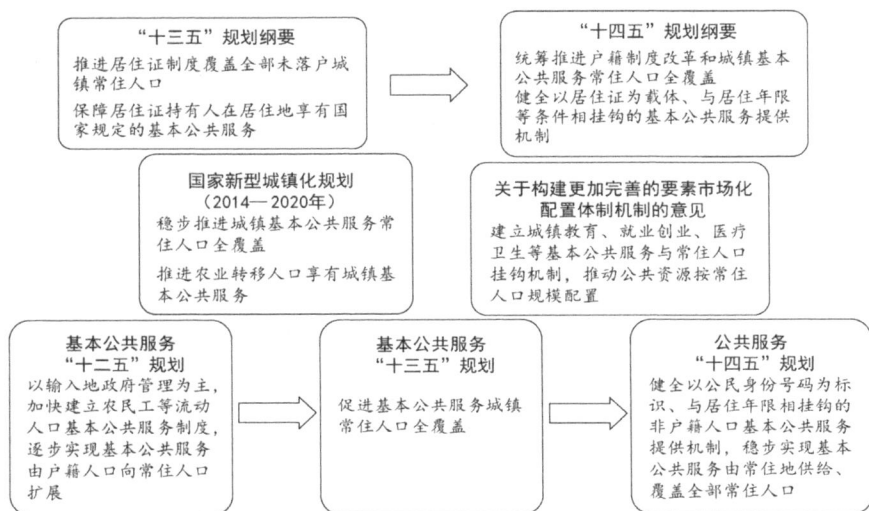

图 1-3　常住地提供基本公共服务政策脉络

说明：根据相关文件整理。

在公共教育领域，以"两为主、两纳入"政策保障随迁子女在常住地平等接受义务教育。在 2001 年基础教育改革提出的以流入地政府管理为主、以公办学校为主（"两为主"）的流动人口子女入学政策基础上，2014 年国家新型城镇化规划中进一步提出将农民工随迁子女义务教育纳入各级政府教育发展规划和财政保障范畴（"两纳入"），保障流动人口子女接受义务教育权利。随迁子女纳入义务教育"两免一补"① 补助范围。

在医疗卫生领域，加强流动人口基本卫生服务和医保制度全覆盖，使人口在流入地享有基本医疗卫生服务。一方面，明确流入地全面落实流动人口基本公共卫生服务项目。新医改启动实施国家基本公

---

① 对义务教育学生免除学杂费、免费提供教科书，对家庭经济困难寄宿生补助生活费。

共卫生服务项目，《"十三五"卫生与健康规划》明确"按常住人口配置资源，将流动人口纳入流入地卫生计生服务体系"，基本公共卫生服务在制度上实现城镇常住人口全覆盖。另一方面，完善医保转移接续和异地就医结算。从现行医保制度设计来看，外来常住人口根据就业情况，既可选择在流入地参加城镇职工基本医疗保险（以下简称职工医保）或城乡居民基本医疗保险（以下简称居民医保），也可选择在流出地参加居民医保。为推进职工和城乡居民在常住地参保，2021年，国家医保局和财政部联合印发《基本医疗保险关系转移接续暂行办法》，提出了职工医保和居民医保制度内和跨制度的转移接续政策安排，医保转移接续实现"跨省通办"。为便利流动人口异地看病就医，全面推行跨省异地就医住院费用直接结算，试点门诊费用跨省直接结算。

在住房养老领域，逐步将农民工等非户籍人口纳入常住地服务体系。一是推动基本养老保险制度衔接。根据社会保险法、劳动合同法等相关规定，签订劳动合同的农民工等就业人群不受户籍限制，在就业地参加城镇企业职工基本供养保险。为了保障流动就业人员的连续参保，人社部等部门在 2009 年、2014 年先后出台《城镇企业职工基本养老保险关系转移接续暂行办法》《城乡养老保险制度衔接暂行办法》，打通城镇职工和城乡居民两大基本养老保险制度之间的转移接续通道。二是逐步将农民工等非户籍常住人口纳入城镇住房保障体系。国办 2011 年印发的《关于保障性安居工程建设和管理的指导意见》提出，将在城镇稳定就业的外来务工人员作为公共租赁住房供应对象之一，"十三五"规划进一步提出将居住证持有人纳入城镇住房保障范围。

3.建立"人地钱"挂钩机制

一是推进财政转移支付"钱随人走"。自2012年起，中央对地方均衡性转移支付以折算比例纳入外来人口，一定程度上体现外来常住人口对地方财政支出的影响，加大对吸纳外来常住人口较多的地方给予财政支持。2016年，国务院印发《关于实施支持农业转移人口市民化若干财政政策的通知》，提出了促进农业转移人口逐步享受与城镇户籍人口同等的基本公共服务十条举措。同年，在均衡性转移支付中，设置了农业转移人口市民化奖励资金，2016—2022年中央财政累计向地方下达市民化奖励2000亿元，提高了常住地政府为农业转移人口提供基本公共服务的积极性。

二是建立"人地挂钩"机制保障城镇用地供给。2016年原国土资源部等部门印发《关于建立城镇建设用地增加规模同吸纳农业转移人口落户数量挂钩机制的实施意见》，提出了农业转移进城落户人口的新增城镇建设用地标准，人地挂钩机制初步建立，为外来常住人口落户城镇享有基本公共服务提供了用地保障。

（二）常住人口全覆盖情况

为了系统梳理常住地政府提供基本公共服务的现状，对照《国家基本公共服务标准（2021年版）》九大领域22类80项基本公共服务，逐一梳理全国和地方层面政策。总体来看，大部分的基本公共服务项目基本实现了由常住地供给，仅对本地户籍人口提供的服务项目只有13项，但非户籍人口在常住地享有基本公共服务还存在铁门、玻璃门、弹簧门等现象，同时，不同城市基本公共服务对常住人口的开放程度差异明显。

1.政策全覆盖的服务项目凸显"三为主"特征

采用常住地对非户籍常住人口政策开放的服务项目数量与全部服务项目数量的占比,来衡量不同领域基本公共服务(BS_i)的常住人口全覆盖程度(CV_i)。即,

$$CV_i = \frac{\sum_{j=1}^{J} BS_{ij}}{J}, i = 1, 2, \cdots, 9, \begin{cases} BS_{ij} = 1 & \text{第j项服务对非户籍常住人口平等提供;} \\ BS_{ij} = 0.5 & \text{第j项服务对非户籍常住人口有门槛提供;} \\ BS_{ij} = 0 & \text{第j项服务仅对本地户籍人口提供。} \end{cases}$$

测算结果表明,现阶段,基本公共服务常住人口全覆盖率达到73%。分领域来看,文体服务、劳有所得、病有所医、幼有所育四个领域的外来常住人口政策开放情况好于九大领域的平均水平,其中,文体服务实现了全部项目的常住人口全覆盖,九成以上的劳有所得领域服务项目对外来常住人口同等提供;常住地政府在弱有所扶领域基本公共服务政策开放度最低。

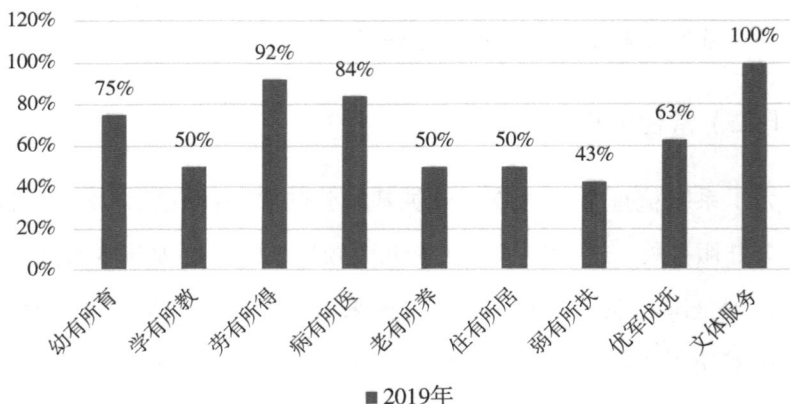

图1-4　基本公共服务常住人口覆盖率(分九大领域)

说明:根据全国及地方分领域基本公共服务政策梳理计算。

基本公共服务在政策提供上实现常住人口全覆盖的项目，呈现以劳动力为主、以人才为主、以中央或央地共同支出的项目为主的"三为主"特征。首先，在服务对象上，围绕农民工等劳动群体的工作方面的基本公共服务权益基本实现了政策全覆盖。包括绝大部分的就业创业服务以及面向职工的工伤失业保险、基本医疗保险和基本养老保险等。其次，在设置外来人口门槛的服务项目上，面向人才的门槛普遍较低。为了吸引人才，一些地方通过对高学历、专业技能人员等提供人才居住证或工作居住证等方式，降低基本公共服务的户籍门槛；一些则对部分外来人口开放的服务项目中优先保障人才以及其随迁家属的需要。再次，在服务支出责任上，以地方财政为主要经费来源的服务项目与户籍关联度较强。在44项常住地对非户籍常住人口政策完全开放的基本公共服务项目中，34项由中央财政、中央和地方共同或保险基金承担支出责任，占77%；6项完全由地方承担支出责任的项目（就业信息服务、就业失业登记等），其服务对象拓展至全部常住人口所需经费相对较少。

2.外来常住人口的服务享有面临"三门"门槛

（1）铁门：面向"一老一小一困"等弱势群体的服务权益尚未开放

现阶段，在九大领域22类80项基本公共服务中，常住地政府只对户籍人口提供的有7类13项，对外来常住人口紧闭"铁门"。在服务对象上，这些项目主要为弱势群体提供补贴，保障其基本生活。具体来看包括三类，一是居民异地养老服务。随着人口老龄化程度的持续加深，越来越多的"银发族"异地养老，但现阶段，对老年人的养老服务补贴、高龄津贴以及城乡居民养老保险仍然仅面向户籍老人。

二是特殊和困境儿童关爱服务。孤儿、艾滋病病毒感染儿童和事实无人抚养儿童的基本生活补贴，以及困境儿童的基本生活、医疗、教育保障服务由户籍地提供。三是困难和残疾等特殊群体的低保、救助供养等服务。低收入家庭的最低生活保障、"三无人员"救助供养、困难残疾人补贴和托养服务等服务项目对非户籍群体尚未开放。在财政支出责任划分上，这些项目主要由地方政府负责承担经费支出。13 项服务中有 9 项地方负责、中央适当补助，其余 4 项为中央财政和地方财政共同承担支出责任。

（2）玻璃门：面向非就业居民 / 随迁家属等服务权益部分开放

在一些外来人口较多的地区，由于常住地基本公共服务资源紧张或供给成本较高，公共教育、住房保障、居民医保等主要面向非就业居民或劳动力随迁家属的服务项目，还存在系列显性和隐形门槛，形成看得见摸不着的"玻璃门"。基本公共教育服务方面，由于学位尚难以有效满足本地户籍人口需求，尽管在政策上允许居住证持有人子女享有，但在优先保障本地户籍入园、入学的情况下，随迁子女面临入园贵、入学难等问题。此外，随迁子女中考、高考等升学方面的限制，也极大降低了农业转移人口子女随迁意愿。民政部数据显示，2020 年，全国仍有 643.6 万名农村留守儿童。公租房、就业援助、就业见习、居民医保等由地方承担主要支出责任，人口流入地扩面的成本较高，往往对外来常住人口设置明显高于本地户籍人口的享有门槛。

（3）弹簧门：农民工城镇职工社保开放度高但实际享有度低

在常住地提供基本社会保险服务方面，尽管现有政策规定农民工可在工作所在地同等参加城镇职工社会保险，但农民工中灵活就业占比高，流动性大且劳动关系不稳定，其个人或用人单位不愿在常住地参加职工社保，而更多选择户籍地参加居民社保或不参保的现象普遍。人社部最新统计数据显示（见图1-5），农民工参加城镇职工基本养老保险、职工基本医疗保险、失业保险和工伤保险的比例分别为21.6%、21.7%、17.1%和27.2%，远低于城镇职工的平均参保率（68.9%、52.5%、44.2%和53.5%）。2021年，参加工伤保险的农民工数量增加到9086万人，但仍仅占农民工数量的31.1%。

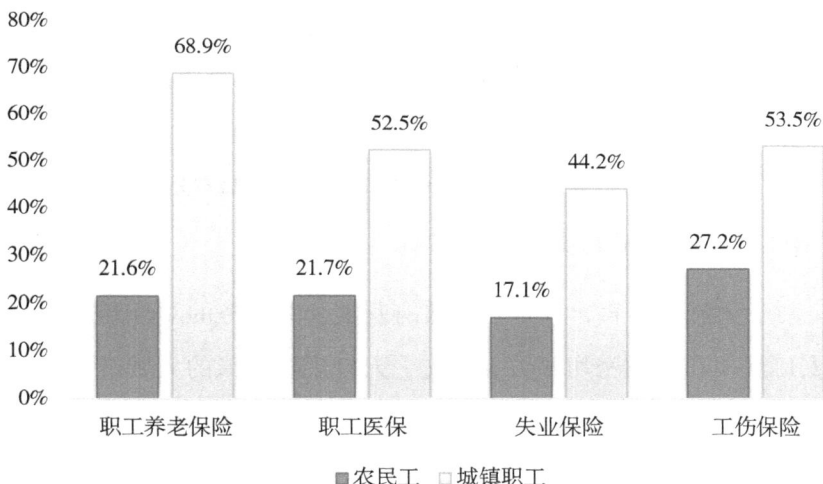

图1-5　农民工和城镇职工社保参保率比较

说明：受数据可得性影响，图中资料根据《2017年度人力资源和社会保障事业发展统计公报》数据整理。

3. 基本公共服务供给的开放程度呈地区分化

不同类型的城市基本公共服务政策对外来非户籍人口的开放程度差异显著。总体来看，中小城市人口吸引力不强，外来常住人口数量较少甚至存在人口外流。2014—2019年间，全国人口减少的城市均为城区人口 300 万以下城市，其中百万人口以下中小城市占 94%。这些城市基本公共服务政策与户籍的关联性相对较弱。

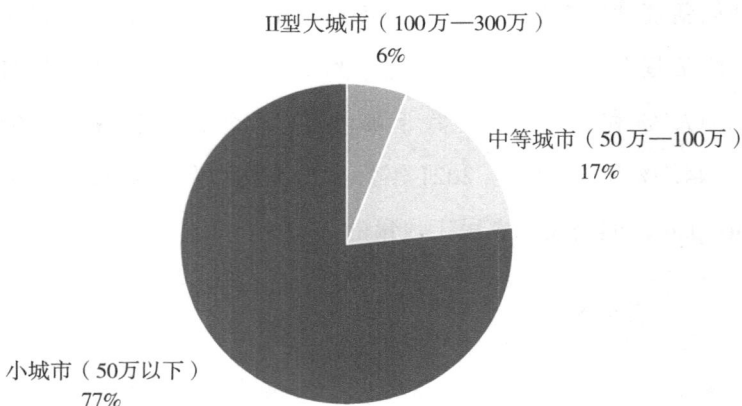

II型大城市（100万—300万）
6%

中等城市（50万—100万）
17%

小城市（50万以下）
77%

图 1-6　2014—2019 年间人口规模下降的城市分布

说明：根据陈蕊（2021）研究结果梳理。

对于大城市而言，其常住地政府基本公共服务的对外开放度与流动人口规模和结构密切相关。首先，人口规模相似的大城市，外来人口越多，基本公共服务对外开放度越低。杭州市和哈尔滨市人口总量相近，同为特大城市，杭州市净流入人口约占户籍人口的一半左右，或者说每 3 个杭州人就有 1 个新市民，而哈尔滨市户籍人口和常住人口数量相当，其居住证持有人享有基本公共服务的门槛也明显低于杭州市。其次，流动人口数量较多的大城市，跨省迁移比重越大，基本公共服务对外开放度越低。作为超大城市的深圳市和成都市，常住非户籍人口在千万人左右，但在流动人口构成上，深圳市 2/3 来自外省，成都市则 8 成来自省内，深圳市对居住证的申请条件及其可附加的基本公共服务权益远小于成都市。

表 1-1　不同类型城市常住地基本公共服务开放程度

城市类型	基本公共服务对外开放度	人口吸引力
一线城市（北上广深）	★☆☆☆☆ 几乎不对外来人口开放	很大
珠三角、长三角、闽东南、其他直辖市 （如南京、东莞、厦门等）	★★☆☆☆ 对外来人口开放，门槛较高	较大
其他省会城市及副省级城市 （如兰州、贵阳等）	★★★☆☆ 对外来人口开放，有一定门槛	一般
其他地级市	★★★★☆ 对外来人口开放，门槛较低	较小

说明：根据地方政策情况梳理。

三、需求特征：外来常住人口基本公共服务需求

（一）人口流动趋势特征

1. 从乡土中国到流动中国：流动规模持续增加

近年来，我国流动人口数量持续快速增长，已由过去的"乡土中国"转向"流动中国"。第七次全国人口普查数据显示，2020年，中国流动人口总量达到3.76亿，这也意味着全国平均每4个人中就有1人是外来常住人口。与六普数据比较，流动人口规模十年间增长了近70%。在人口流向上，呈现以乡城流动为主、以省内流动为主、跨省向东部地区流动为主的特征。

表 1-2　流动人口规模与结构（单位：万人，%）

	流动人口数量	占全国人口比重	跨省流动占比	省内流动占比
2010 年	22143	16.5	38.8	61.2
2020 年	37582	26.6	33.2	66.8

说明：根据七普和六普数据整理。

城镇是人口流动的主要方向。2020 年，全国流向城镇的流动人口为 3.31 亿人，占流动人口总量的 88.1%，比十年前提高 3.9 个百分点。其中，乡城流动人口 2.49 亿人，城城流动人口 0.82 亿人，乡城流动占流动人口总数的比重达到 66.3%，是现阶段我国人口流动的主要类型。

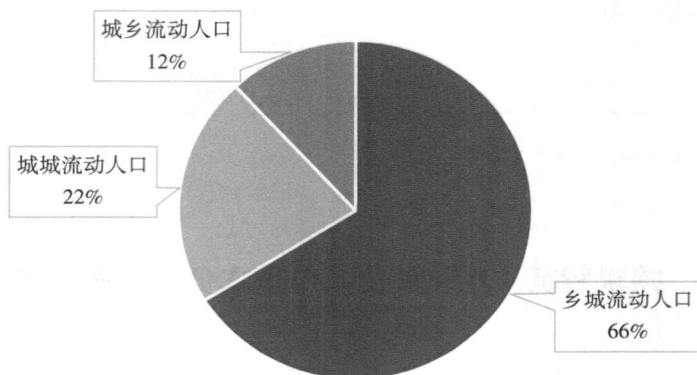

图 1-7 流动人口城乡流向

说明：根据七普数据整理。

近距离的省内流动是流动人口迁移的主要形态。全国 3.78 亿流动人口中，省内流动人口和省际流动人口分别为 2.51 亿人和 1.25 亿人，省内流动占比超过 2/3。同时，增长速度上，省内流动也呈现更快的增长态势，十年间，省内流动人口增长了 85.7%，比跨省流动人口增长比重（45.4%）高出 40.3 个百分点。

不同地区省内外流动结构有所不同，东南沿海经济发达地区省际流动占比较高，中西部地区则以省内流动占主流。2020 年，河南、黑龙江、安徽省内流动人口占比分别达到 94.0%、90.2%、88.8%，浙江、广东省内流动人口占比则仅有 36.7% 和 43.1%。

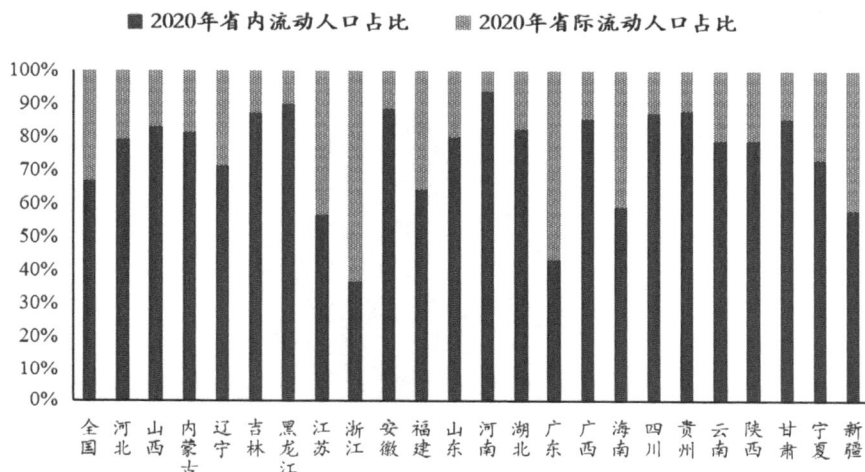

图1-8 2020年部分省省内流动与省际流动人口占比情况

说明：数据来源于各省第七次全国人口普查公报。

在跨省流动人口的空间分布格局上，呈现出向东部聚集的特征。第七次全国人口普查数据显示，东部地区吸纳跨省流动人口9181万，占比达到73.54%；中部地区吸纳955万人，占7.60%；西部地区吸纳1880万人，占比15.06%；东北地区吸纳468万人，占比3.75%[①]。

与2010年相比，十年间，广东省跨省流入人口增量规模最大，共增加812万人，占20.85%；浙江省第二，增加436万人，占11.20%；江苏省第三，增加293万人，占7.52%。广东、浙江、江苏三省增量占全国跨省流动人口增量的39.56%。同时，中西部一些地区的跨省流动人口十年间也呈现较为明显的增长，如湖北、四川等地区省际流动人口增量都达到百万人以上，反映出这些地区的人口吸引力

---

① 资料来源于2021年5月11日国务院新闻办就第七次全国人口普查主要数据结果举行发布会，http://www.gov.cn。

有所增强。

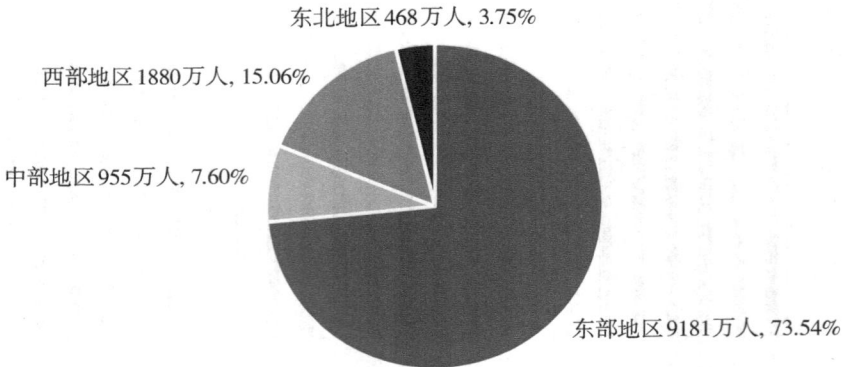

东北地区468万人，3.75%

西部地区1880万人，15.06%

中部地区955万人，7.60%

东部地区9181万人，73.54%

图1-9　跨省流动人口流向（万人）

说明：数据来源于国家统计局。

2. 中小城市收缩与大城市扩张：人口聚集不断增强

随着人口流动的持续活跃，不同城市人口规模分化明显，大城市扩张与中小城市收缩并存。全国人口普查数据显示，2010—2020年间，有139个地级市常住人口规模保持上升趋势，152个地级市常住人口规模持续收缩或转升为降（陆杰华等，2021）。

人口向中心城市和区域中心城市等大城市聚集的态势不断增强。2020年，深圳市、上海市、广州市、成都市、北京市5个城市流动人口规模位居前列，分别达到1244万、1048万、938万、846万、842万。5市流动人口规模合计占全国流动人口的13.08%。十年间，深圳市、成都市、广州市常住人口增量超过500万人，郑州、西安、杭州、重庆、长沙常住人口增量在300万人以上。

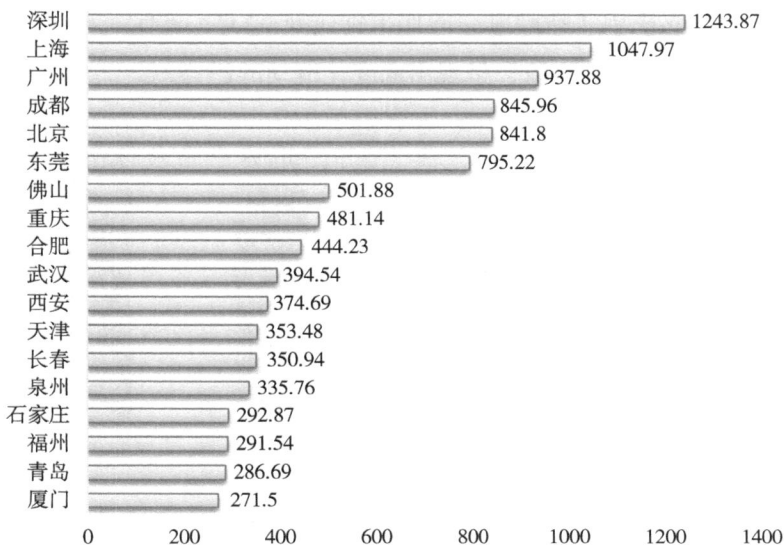

图 1-10 部分城市流动人口规模（2020 年，单位：万人）

说明：数据来源于各城市七普人口公报。

3. 从个体流动到举家迁徙：家庭化流动趋势明显

从流动人口的流动模式上来看，与老一代农民工独自外出、家人留守的现象不同，1980 年以后出生的新生代农民工更多倾向于举家外迁。随着新生代农民工逐渐成为农民工主体，流动人口家庭化迁移的趋势也愈加明显。农民工调查监测报告显示，在 2008—2011 年四年间，外出农民中与家人共同流动的所占比重维持在两成左右。近些年，以家庭为单位的流动表现出上升趋势。2014 年，在全部农民工群体中，举家迁移的比例提高到 31.1%（聂伟，2021）；2016 年，家庭化流动的流动人口比例达 61.5%（宋全成等，2019）；到 2019 年，新生代农民工举家迁徙的比例已经高达 60%（付朝欢等，2019）。《中国流动人口发展报告 2017》数据显示，2 人及以上的流动人口家庭户占到了八成以上，未成年子女随同流动的比重保持在 65.0% 左右。人口流动方式逐渐以举家迁移为主流，呈现出家庭化流动的趋势。

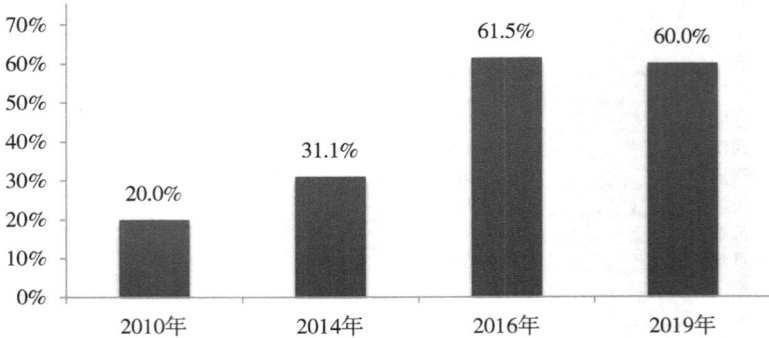

图 1-11　流动人口举家迁移比重

说明：数据来源于《2021 年农民工监测调查报告》，聂伟（2021）、宋全成等（2019）、付朝欢等（2019）。

（二）外来常住人口画像与服务需求

课题组对北京、上海、宁波、苏州、合肥、青岛等人口集中流入城市的 12 名流动人口进行深度访谈，以期了解外来常住人口的基本公共服务需求。

1. 落叶归根的农民工

BJ1 是一位来自河北农村的 40 岁男性，在北京从事保安工作已有 5 年，来京之前在桂林、南宁、石家庄等多地务工，孩子和配偶均在老家，外出务工的目的是挣钱补贴家用。对于未来在务工地的居留意愿，他表示："这个说不准……干到退休回老家。"

在涉及基本公共服务时，此类农民工群体的感触不深，觉得没有很大的需求。因为子女在老家，对子女就学、居住证等没有明显的需求，BJ1 表示：“没想过，我感觉这些东西都用不上。”

劳动权益保障是农民工，特别是高龄农民工较为关注的领域，从事建筑、保安等工作的农民工劳动权益受到侵害的事件常见于报端。BJ1 表示他和工友在上一份工作中遇到了拖欠工资的问题，并且诉之无门，他说：“没有签合同，然后他（的工资）现在公司还没给。”“到公安局里去报案，公安局让找劳动仲裁，劳动仲裁支支吾吾地给你拖来拖去的。最后那几个月工资也没要回来。”

老一代农民工群体外出最主要的目的就是获取经济收入，通常是自己单独外出或夫妻一起外出，从事较为辛苦、对体力要求较高的工作，他们最期待的是有效的就业保障。

2. 举家迁移的农民工

访谈对象 SZH2 一家三人长期生活在苏州，并且均将户口留在农村老家，对此他表示：“迁户口的话，因为苏州的政策是凭房产证就可以入学的，我们有房产证，所以现在还没有考虑要迁户口……”

从基本公共服务需求来看，子女就学、看病就医是举家流动群体最迫切的服务诉求，这也是影响举家迁移者是否长期居留的重要因素。在子女就学方面，一些举家迁移者因流入地无法解决孩子继续升学问题，因此选择回到老家附近的市区，一般是选择在子女幼升小、小升初之前回流。

BJ2 来京已有 18 年，现有两个孩子在北京上学，准备今年 7、8 月份就离开北京，回到河北农村老家所在的市区，其主要考虑是子女上学问题：“肯定不会（长期居留），主要是没有条件。我们老大已经 9 岁了，我们没有北京户口，没法解决孩子在北京继续读书的问题，只能回到原籍去高考，但是高中在北京是读不了的，所以我们只能是回到老家去读高中。那个时候等到初中再回去就更难回，孩子回去适应需要有一个过程，所以我们现在搬回老家去。"

在看病就医方面，举家迁移者 BJ2 表示存在一定的难度，其日常就医会选择乡镇卫生院等基层医疗机构，自己和家人的医药费无法报销，是一笔较大的开支。"我们在北京没有医保，然后只能是全部都是自费，成本真的还是挺高的。"

3. 期待落脚的"城漂族"

一些访谈对象因工作发展需要在城市间流动，同时也期望能够长期居留在某一个城市，让家庭稳定下来。他们年龄在 31—33 岁不等，已婚未婚比例参半，学历均为本科及以上，以硕士为主，工作经历在 4 至 9 年不等，处于事业发展期，较为看重当前城市提供的发展条件，期待能够在城市中长期稳定生活。

在超大城市生活的"城漂族"对稳定住所有较高的需求，同时也较为关注公租房政策。在上海工作的两位被访者表示，对公租房申请有所关注，但目前均未入住公租房。"准备申请（公租房）。（公租房）分为市筹和区筹，市筹的话大家就都可以申请，然后区筹的话……因为注册地和办公地点（不一致）的问题，我就没有办法或者说我就被迫放弃了申请区筹的权利，我只能去申请市筹。""我观察公租（房的分配）周围人享受的很少，相对来说还是可能本地户籍（租上的）会更多一些。"受访者 SHH2 说。

对于居住证，期待长期居留的流动人口持较为积极的态度，并且认为居住证的办理对享受基本公共服务和办事便利具有很大的助益。

SHH1 说："是办了本地的居住证，上海的居住证可以享受一些公共服务，包括医疗、交通，还有后面的买房、子女教育，都有一些政策。"

"刚来深圳时候就办了，对非深户居住证还是挺有用的，港澳通行证通关便利，机动车参加摇号……"SHZH2说。

也有被访者表示办理居住证还存在着一些不便之处："上海居住证对于住所的要求比较高的，租赁需要不动产证产权人一起去办备案。"SHH2说。

（三）基于生命周期的服务供需缺口测算

处于不同生命周期阶段的外来常住人口基本公共服务需求有所差异，常住地政府服务供给成本也有所不同，有必要对不同群体进行分类研究。《"十四五"公共服务规划》中明确提出推动长三角等主要城市群率先实现基本公共服务常住人口全覆盖，考虑到长三角地区是人口流动最为频繁的区域之一，也是优质公共服务资源便利共享先行区，我们以长三角三省一市为例，测算全覆盖的所需的财政成本与收益以及相应的供给缺口。

1.财政成本收益分析框架

对常住地政府而言，为流动人口提供基本公共服务，一方面会产生财政成本，另一方面，也会带来财政收益。在成本（C）方面，我们选取公共教育（edu）、医疗卫生（hea）、社会保障（sec）、就业（emp）、住房保障（hou）等主要公共服务支出对少儿期、工作期、老年期[1]财政成本加以估算。在收益（B）方面，考虑到流动人口不仅直接对流入地税收等一般公共预算收入带来贡献，还会带来非税收益，

---

[1] 我们参照统计口径的少儿人口（0—14岁）、老年人口（60岁以上）、劳动年龄人口（15—59岁）划分为三个时期，同时考虑到平均预期寿命（77.9岁），将老年期界定为60—78岁。

本研究采用宏观财政负担水平（λ）和流动人口在不同时期的收入或消费（inc）乘积加以估算。常住地（n）为流动人口在不同生命周期（t）提供基本公共服务的财政缺口（或者说财政净收益 NB）可以表示为：

$$NB = \sum_{i=0}^{K} \left(B_{i,n,t} - C_{i,n,t} \right)$$
$$= \sum_{i=0}^{K} \left[\lambda \times inc_{i,n,t} - \left(edu_{i,n,t} + hea_{i,n,t} + \sec_{i,n,t} + emp_{i,n,t} + hou_{i,n,t} \right) \right]$$

其中，i=0，1，…，K，n=1，2，…，N，t=1，2，…，T，其中，K=78，N=4，T=3。

在少儿期，个体生命期的公共服务成本主要包括义务教育、医疗卫生等财政支出，其在常住地的消费支出间接对流入地政府带来财政收益。在工作期，公共服务成本主要由就业和社会保障、医疗卫生、住房保障等支出构成，财政贡献以三省一市流动人口的人均就业收入和宏观财政负担水平[1]的乘积进行测算。在老年期，公共服务成本主要由医疗卫生以及社会保障和住房保障支出构成，财政贡献以三省一市人均养老金和宏观财政负担水平的乘积进行测算。以三省一市常住人口为基数计算长三角地区流动人口基本公共服务享有户籍人口同等待遇的人均财政支出[2]。

2. 测算结果与主要发现

以长三角为例，对流入地政府来说，基本公共服务覆盖全部常住

---

[1] 根据刘昆（2022）测算，现阶段我国宏观财政负担水平在 25.4% 左右。
[2] 长三角各地区流动人口收入来源于国家卫健委全国流动人口动态监测调查数据，公共服务财政支出数据来源于各地统计年鉴，本部分的测算采用 8% 的社会贴现率进行折现。

人口人均财政成本在不同生命周期具有明显差异，工作期财政成本最低，其次是少儿期，老年期财政成本显著高于前两个阶段，这主要是受养老金支出相对较高的影响。此外长三角三省一市的财政成本也有所不同，公共服务水平较高的上海市人均财政成本明显高于其他地区。

表 1-2　外来常住人口公共服务供给人均财政成本（万元／人）

	安徽	江苏	浙江	上海
少儿期	23.2	35	35.1	52.4
工作期	16.5	16.7	16.8	44.5
老年期	66.2	86.6	94.6	143.3

说明：课题组测算。

常住地政府从基本公共服务全覆盖中获取的财政收益在工作期达到峰值，老年期次之，少儿期最低。对比三省一市的财政收益，上海市个体生命期均值的人均财政收益最高，江苏和浙江次之，安徽的人均财政收益最少，这与长三角各地就业质量和收入水平密切相关。

表 1-3　外来常住人口公共服务供给人均财政收益（万元／人）

	安徽	江苏	浙江	上海
少儿期	10.8	14.4	16.5	21.9
工作期	97.2	100.6	101.3	142.6
老年期	16.0	21.1	23.2	34.5

说明：课题组测算。

综合财政成本和收益，流入地政府为外来常住人口提供公共服务的人均财政净收益仅在工作期为正值，在其他个体生命周期阶段均为负值。具体而言，常住地政府为劳动年龄阶段人口提供公共服务具有最大收益和最小成本，净收益最高；对少儿人口提供公共服务收益最少但成本也相对较小，财政收益难以覆盖成本；对老年人口的公共服务供给成本最高且收益相对较低，面临较大的财政净损失。那么，对于工作期的财政净收益能否弥补少儿期和老年期的财政净损失？从长三角的测算结果来看，综合个体整个生命周期而言，外来常住人口的基本公共服务全覆盖对人口净流入地政府产生明显的财政净损失，且公共服务水平越高的地区，地方财政压力越大。

表1-4　外来常住人口公共服务供给人均财政净收益（万元／人）

	安徽	江苏	浙江	上海
少儿期	−12.5	−20.6	−18.5	−30.5
工作期	80.8	84.0	84.5	98.1
老年期	−50.2	−65.6	−71.5	−108.8
个体生命期	18.0	−2.3	−5.5	−41.2

说明：课题组测算。

四、难点痛点：常住地政府提供基本公共服务的制约因素

（一）表象上常住地政府意愿不足

1. 不愿：成本收益权衡下有效激励难

前文定量测算显示，常住地政府为劳动年龄阶段人口提供公共服务的收益是远大于成本的，但对少儿人口和老年人口提供公共服务的财政收益远难以覆盖成本。考虑到随迁子女、老人等非劳动群体，尤其是弱势人群不但难以为地方经济发展带来直接收益，还会产生长期财政负担，地方政府缺乏为其敞开基本公共服务大门的动力。基于成本收益的综合考量，常住地政府为外来人口提供基本公共服务，主观意愿不强。

2. 不想：新市民老市民利益平衡难

在一些人口流入较多城市，优质教育学位、住房保障等公共服务资源尚难以完全满足本地户籍人口的服务需求。随着外来人口的持续增多，东莞、深圳、佛山等城市甚至出现非户籍常住人口与本地户籍人口"倒挂"现象。在公共服务资源相对紧缺的情况下，老市民担心对新市民的服务资源的全面开放会急剧增加本地供给压力，挤占当地居民切身利益。

3. 不敢：大城市供给悖论破解难

随着城市人口持续聚集，人口流失的"收缩型城市"与特大超大城市快速扩张的现象同时存在，城市发展的马太效应加剧，这也意味着常住地政府提供基本公共服务的压力更多集中在人口流入较多的大型城市。如何破解大城市推进基本公共服务常住人口全覆盖，同时避免超出城市人口承载力问题，是健全常住地提供基本公共服务制度的又一难点。

一方面，大城市是外来人口和户籍人口基本公共服务高落差地区。从当前各地基本公共服务政策的对外来人口开放程度来看，北上广深等超大、特大城市基本公共服务政策与户籍的关联性较强，服务准入门槛更高。对这些大城市，尤其是超大、特大城市，居住证制度在一定程度上对外来常住人口提供了部分基本公共服务福利让渡，但依附于其上的福利越多，对非户籍常住人口的开放力度越大，对人口吸引力越强。

另一方面，过快消除服务门槛将放大人口虹吸效应，加剧大城市病问题。在就业机会和更高的收入之外，公共服务也是影响劳动力流动的重要因素。近年来，我国大力推进基本公共服务区域均等化，不同地区间基本公共服务供给差距显著缩小，但在一些领域的公共服务资源软硬件配置以及服务水平等方面存在不均衡，一些大城市与周边城市公共服务存在明显落差，优质医疗卫生、公共教育等公共服务资源的集中，单向吸引了大量周边地区服务需求。

对人口流入地，尤其是特大城市和超大城市，较多的就业机会和良好的公共服务等福利高地，增加了人口流入城市工作生活的意愿，人口快速流入往往带来教育、医疗等公共服务供不应求，以及水、土地、能源等资源紧张，城市基础设施压力过大，导致超出城市综合承载能力而产生大城市病。对大城市来说，如果一步到位实现非户籍常住人口和户籍人口基本公共服务无差异享有，将放大人口虹吸效应，增加城市公共服务供需压力，不仅会降低基本公共服务质量，而且会由于超出城市综合承载能力而引发大城市病等问题，对城市的可持续发展提出重要挑战。

（二）根源在于供给体制机制不健全

1. 央地财政事权和支出责任改革之痛

疫情以来地方财政紧平衡加剧，受经济下行压力和疫情影响，地方财政收支矛盾凸显。首先，基本公共服务全覆盖为常住地带来明显的财政压力。其次，转移支付机制难以有效激励常住地向全部常住人口提供基本公共服务。中央对地方均衡性转移支付办法纳入常住人口，对减轻流入地基本公共服务常住人口全覆盖财政压力起到了显著改善作用。但从市民化成本构成来看，由常住地政府自行承担的新增校舍、公共设施等城市基础设施建设运营成本占相当大比重。此外，尽管中央财政设立了市民化奖励资金，但奖励分配以新增落户人数为依据，在大量流动人口不愿落户的情况下，难以调动常住地政府面向非户籍常住人口提供基本公共服务的积极性。最后，"上面点菜、下面买单"，基层公共服务支出责任过重。市县等基层政府是基本公共服务的直接提供主体，基层政府权责不匹配制约了基层政府向非户籍人口提供基本公共服务的能力。

2.常住地服务供给要素保障机制之痛

（1）人员编制结构性短缺

一是人口流入地教师医生编制明显紧缺。按照中央政府财政供养人员只减不增的要求，事业编制在管理上以 2012 年底为基数，实行总量控制。受义务教育阶段学龄人口持续增加、居民医疗卫生服务需求持续增长因素影响，近年来，教育、卫生等公共服务领域从业人员规模大幅增加。通过盘活存量，将其他领域核减编制向教育医疗领域倾斜，总体上全国公办中小学教职工编制基本达到全国标准[1]。但在一些人口集中流入地区，编制不足问题依然突出，仅靠省内统筹难以彻底解决紧缺问题。

二是"无编可用"和"空编闲置"并存。一些地方政府出于减少财政开支考虑，通过减少审批新增人员计划等方式限制编制内人员增加，造成空编闲置现象。此外，还有大量空编分散在不同领域的各级事业单位，收回重新分配阻力大。这也导致"无编可用"的中小学校、医疗机构等，大量雇佣编外人员。2022 年，民进中央对全国 10 个省份中小学调查发现，40% 的学校使用编制外教师，校编外教师达到在岗教师的 20% 以上的学校占 1/4。

---

[1] 中央编办四局：统筹使用编制资源服务中小学教育发展，http://www.moe.gov.cn/.

（2）人地挂钩存落地梗阻

地方政府供应保障性住房用地积极性不高。在城市建设用地供应上，工业用地可"以地引资"，商业和普通住宅用地可"以地生财"，用以公租房建设非但无法为常住地带来税收等正向收益，反而会面临配套公共服务、治安管理压力等负向成本，基层政府缺乏供地动力。

3. 基本公共服务供给制度之痛

从当前推进非户籍常住人口享有基本公共服务的主要方式，即户籍制度和居住证制度来看，由于落户意愿的下降，通过让流动人口落户从而享有常住地基本公共服务的方式难以覆盖全部外来常住人口；而对于后者，还存在诸多显性和隐性门槛的存在。此外，基本公共服务涉及多部门，而外来人口基本公共服务除了涉及多部门之外，还与流入地和流出地密切相关，常住地提供基本公共服务离不开跨部门、跨区域的顶层设计。

（1）落户机制难以实现人群全覆盖

随着基本公共服务与户籍的逐步剥离，无需落户也可享受城市公共服务，反而进城落户将面临失去土地等风险，落户城市没必要且有风险（顾严等，2017）。受城乡推力拉力转换等因素影响，居民落户意愿发生了转变，大量实际工作、居住、生活在城镇的农业转移人口并不愿意将户口从农村迁至城市，即人口流动而户不动的"流而不迁"现象愈加明显。已有调查显示，流动人口落户意愿呈走低态势。2017年陕西省统计局的调查发现，44.5%的受访农民工愿意落户城镇；2019年中国家庭金融调查显示，流动农民工愿意在居住地城镇落户的比例不足30%（程郁等，2022）。这也意味着，通过户籍制度改革，让非户籍人口落户实现在常住地享有基本公共服务，无法覆盖全部常住人口。

（2）居住证机制不健全

一是居住证申领存在显性和隐性门槛。合法稳定就业或合法稳定住所是流动人口申领居住证的重要前置条件[①]。一方面，部分城市以参加社保作为"合法稳定就业"认定标准，设置高门槛。另一方面，"合法稳定住所"认定存在隐性门槛，造成证难办。一些城市居住证申领合法稳定住所，对于租赁住房的证明要求提供"房屋租赁合同备案证明"，如出租人不愿或无法履行租赁备案登记，作为承租人的外来人口自然也就无法满足申请条件。

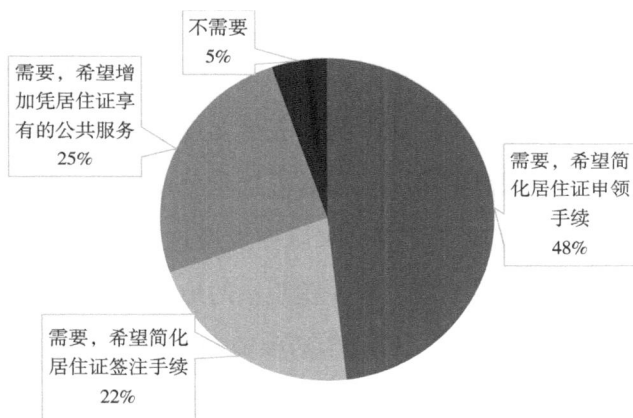

图 1-12　流动人口对居住证制度是否需要调整完善的看法

说明：根据课题组问卷调查结果整理。

二是流动人口对居住证认知存有偏差。居住证覆盖范围不高，既受申领门槛的影响，也有流动人口了解不足、主观认识不到位的原因。一些流动人口在需要办理凭证享有的公共服务或便利时，才意识到申

_____

①《居住证暂行条例》（国务院令第 663 号）规定，"居住半年以上"，符合"合法稳定就业、合法稳定住所、连续就读条件之一"，可申领居住证。

领居住证，导致服务或便利的延迟享有。"办事情时发现需要居住证，才去办，办理登记再过半年才能申请"。一些流动人口担心在常住地持有居住证会影响户籍地的权益，因而不愿申领。如，湖北省政协 2022 年上半年对农业转移人口的调查发现，在常住地持居住证的比例并不高，主要原因是担心利益受损或失去退路。

三是居住证与户籍衔接机制有待健全。尽管尚未全面放开落户限制的大城市，以积分落户的方式，打通了居住证入户通道。但在一些人口集中流入的城市，积分权重设计明显倾向学历、技能、年龄、投资、纳税等人力资本相关指标，积分落户更多倾向于吸引人才以提升城市竞争力。

（3）服务供给制度碎片化

一是低保制度城乡碎片化。我国先后实现了居民基本养老保险制度、居民基本医疗保险制度、义务教育生均公用经费的城乡统一，在打破城乡界限、统筹城乡基本公共服务发展进展显著，北京、天津、上海、浙江等城镇化水平高、城乡差距小的地区率先实现了城乡居民低保标准的统一。但当前，最低生活保障制度还存在城乡二元分割。尽管在相关文件[①]中已将城市低保和农村低保的概念统一为"最低生活保障"，但由于申请人只能在户籍地申请低保[②]，或者说低保只能由户籍地提供，这就意味着在政策实施层面，社保制度的城乡壁垒依然存在，限制了长期在城市工作生活的农业转移人口获取服务的可及性。

此外，将流动人口纳入最低生活保障范围，不仅需要通过本地社保、住房、银行、保险等多部门对申请人家庭经济状况进行核对，还

---

① 2019 年修订的《社会救助暂行办法》、2021 年发布的《最低生活保障审核确认办法》等。

② 2019 年修订的《社会救助暂行办法》明确规定最低生活保障的申请人向户籍所在地提出申请。

需要对流出地财产经济状况进行定期核对，在缺乏跨部门、跨地区信息平台和征信系统等配套政策支撑下，不仅难以杜绝骗保情况，也容易产生重复参保问题。

二是社会保险制度区域碎片化。首先，医保异地报销有待推进。在无法参加常住地城乡居民医保的情况下，大量流动人口选择参加户籍地居民医保，医保异地报销诉求不断提高。当前，门诊费用跨省直接结算尚处于试点阶段，异地就医直接结算范围有待进一步扩大。其次，社会保险制度的地区分割，削弱了服务的便携性，难以适应人口日趋频繁的流动需求。

五、典型经验：人口流入地政府的先行先试

广东省、浙江省和江苏省是全国人口净流入最多的三个省份，这些人口净流入地区的实践探索，为健全常住地提供基本公共服务制度提供了有益借鉴启示。

（一）江苏省：促进基本公共服务区域均等化

1.典型做法

一是创新实施居住证跨市"积分互认"。为进一步推进户籍制度改革，实现农业转移人口等非户籍人口在城镇落户和常住人口基本公共服务全覆盖，2020年12月，苏州市政府办公室印发了《关于进一步推动非户籍人口在城市落户的实施意见》，明确了南京、苏州积分落户政策实行居住证年限和社保年限累计互认，江苏省其他设区市落户限制全面取消，苏北五市范围内率先实现城镇户口通迁。

二是推行居住证在省域内"一证通用"。制定了覆盖10个领域、86个项目的基本公共服务清单，保障居住证持有人在居住地享有各项权利，鼓励各市县进一步拓展居住证服务内容、增加居住证"含金量"。实行居住证在省域内"一证通用"，13个设区的市先后制定实施办法，实现居住证制度全覆盖、居住证申换补领免费。

三是提高南京都市圈同城化公共服务共建共享水平。南京都市圈是我国最早启动建设的跨省都市圈，2021年4月，江苏、安徽两省人民政府联合印发了《南京都市圈发展规划》。在医疗卫生服务方面，以合作办院、组建专科联盟、远程医疗协作、对口支援等形式，扩大优质资源覆盖范围，并整合都市圈远程诊疗系统资源，完善统一的医疗协作体系和预约挂号平台，打造健康都市圈；在教育合作发展方面，依托各城市优质学前教育、中小学学校资源，推动建立区域和跨区域教育集团、学校联盟，鼓励开展城乡区域学校牵手帮扶，引导名校在都市圈内开办分校，例如南京外国语学校、琅琊路小学在淮安市和滁州市设立分校，开展基础教育、职业教育领域管理干部、教师交流，协同扩大优质教育资源供给。

2.主要经验

一是为常住人口落户提供便利。通过调整户口迁移政策、落实放宽城市落户条件、创新积分落户等方式，大幅缩短常住人口落户的时间，松动常住人口的落户卡口，从根本上落实对常住人口基本公共服务的保障。

二是切实增加居住证"含金量"。全面建立以居住证为载体的基本公共服务制度体系，保障居住证持有人在居住地享有各项权利，丰富基本公共服务清单，拓展凭居住证可享有的基本公共服务内容，切实增加居住证"含金量"。

三是以资源均衡布局推进省域基本公共服务常住人口全覆盖。利用超大、特大城市城市群、都市圈的辐射带动作用，优化基本公共服务资源的规划布局，通过基本公共服务的区域均衡发展，提高区域内常住居民享受基本公共服务的数量和质量。

（二）浙江省：持续增强市民化要素保障能力

1. 典型做法

一是完善"人钱挂钩"政策。建立财政转移支付与农业转移人口市民化挂钩机制，并通过中央财政农业转移人口市民化奖励资金和省财政预算安排资金，加大农业转移人口市民化奖励资金支持力度，完善省农业转移人口市民化奖补机制，提高城市吸纳农业转移人口落户积极性。

二是深化"人地挂钩"政策。落实城镇新增建设用地规模与农业转移人口市民化挂钩政策，推动常住人口增长规模与城镇建设用地规模及公共服务设施用地保障相匹配，提高"人地"挂钩精准度。

三是增强信息要素支撑。为方便在浙流动人口办理居住登记和各项社会事务，拓展居住证使用功能，加快居住证制度全覆盖，推进居住证跨区域、跨部门互认共享，借助信息技术支撑，浙江已在全省范围内推行电子居住证，符合条件要求的在浙流动人口，通过申领电子居住证，可更加便捷地办理子女入学、医保社保、住房保障登记等各类在浙公共服务事项。

2. 主要经验

一是提高常住地政府提供基本公共服务的积极性。聚焦财政、土地等要素，完善"人地钱挂钩"激励性配套政策，建立财政转移支付与转移人口市民化的挂钩机制，统筹考虑吸纳外来人口或农业转移人口落户人数以及为持有居住证人口提供基本公共服务增支等因素，加大财力保障，调动地方政府积极性。同时，建立外来人口市民化奖补机制，根据吸纳常住人口转为户籍人口数量等因素给予奖励补助，奖励资金应统筹用于提供基本公共服务。

二是为农业转移人口市民化增权赋能。通过提供政策支持和经费保障，做好外来务工人员的教育培训工作，创新模式、扩展数量、提高质量，高质量推动农业转移人口全面融入城市，帮助外来务工人员在常住地真正扎根落地。

（三）广东省：推动落实公共服务资源随人走

1. 典型做法

一是提出"公共资源随人走"的制度原则。立足广东省人口发展变化趋势，按照人口总量、结构、分布特点，从人口流动和人口发展需要的现实出发，优化公共资源配置，构建与人口发展相适应的公共服务体系。从制度上进一步明确公共资源配置一定要落实到人，防止出现名实不符、名实脱节的现象，让真正承担大量流动人口、常住人口公共服务的地区实实在在得到公共资源的配置。

二是积分制享有基本公共服务，扩大居住证享有基本公共服务权益。广州市实施来穗人员积分制服务管理政策，通过制订积分指标体系，将个人条件和社会贡献情况换算成积分，再将积分与公共服务挂钩，按积分高低享受公共服务，进而提升来穗人员服务管理水平、促进来穗人员市民化、保障来穗人员合法权益。积分制服务管理的积分指标体系包括年龄等基础指标、文化程度等加分指标和违法违规等减分指标三部分，申请人凭积分可申请随迁子女教育、住房保障等权益和公共服务。

2. 主要经验

一是提高统筹层次。推动全省民生保障一盘棋，发挥省级政府在资源配置、标准完善、运行管理上的更大作用，不断提高基本制度的统筹层级。加快建立公共服务投入与常住人口挂钩机制，完善财政转移支付与农业转移人口市民化挂钩政策，实施城镇新增建设用地规模与吸纳农业转移人口落户数量挂钩政策，采取多种形式加强对人口流入较多城市中小学教师、医生护士等岗位的保障力度。

二是优化资源配置。立足服务常住人口，根据地理环境、服务对象规模等实际情况，合理布局公共服务设施，推动公共资源配置向大中城市倾斜，提升城市承载能力；大力加强县城公共设施建设和服务能力，满足农民日益增加到县城就业安家的需求；加强人口聚集能力强、发展潜力大的乡镇的公共服务资源投入，重点补齐接纳农业转移人口较多的特大乡镇的公共服务短板。

六、政策建议：健全常住地提供基本公共服务制度的路径选择

（一）总体思路

不同类型的基本公共服务具有显著异质性，服务便携性和提供成本差别较大，如果简单对不同性质的服务项目一并放开，必然导致常

住地短期内难以承受。非户籍居民对不同领域公共服务的需求迫切程度呈现明显差异性，如果供需矛盾突出的服务不能优先得到满足，会加剧社会矛盾积累。同时，我国区域发展差异大，各城市人口流入压力不同，基本公共服务由常住地供给、覆盖全部常住人口，难以一步到位，需循序渐进。

因此，健全常住地提供基本公共服务制度，需要综合考虑需求程度和服务成本，兼顾城市规模和供给压力，统筹激励相容和有效约束，分类施策、因城施策、配套施策，着力解决流动人口需求最迫切、最现实的基本公共服务需求，遵循"先易后难""试点带动"的原则分步梯次推进，进一步厘清央地权责划分以统筹激励与有效约束。

（二）分类施策：考虑需求程度与服务成本

1.基于需求和成本的服务分类

基于服务供给成本和服务需求情况，可将尚未实现全覆盖的基本公共服务分为四大类，如表1-5所示。对于残疾人和优军服务等面向特定群体的基本公共服务，我们建议与其他服务对象服务一并推进实施。

表1-5　常住地基本公共服务分类

		服务需求迫切程度	
		高	低
服务成本	低	就业见习、就业援助；工伤失业保险	特殊儿童保障、困境儿童保障
	高	义务教育、高中教育、学前教育；公租房保障；居民医保	老年人福利补贴、养老保险；低保、特困人员供养

说明：表中仅对非户籍人口尚未在常住地平等享有的基本公共服务进行分类。不包含残疾人和优军服务。

第一类：高需求低成本的基本公共服务。包括就业见习服务、工伤失业保险、医疗保险等。对流动人口的访谈和问卷调查显示，就业和医疗是非户籍常住人口需求最为迫切的服务内容，相对教育、住房保障等涉及基础设施的服务来说，这类服务的可携带性和供给成本相对较小。

第二类：高需求高成本的基本公共服务。随迁子女教育以及住房保障服务，是当前流动人口迫切需要，但同时需要配套校舍、师资等公共服务设施和服务人员，便携性不强且服务供给成本较高。

第三类：低需求低成本的基本公共服务。主要集中在幼有所育领域的特殊儿童群体和困境儿童保障服务。这类基本公共服务涉及面较少，流动人口总体需求迫切程度相对不高。当前，全国共约 25 万事实无人抚养儿童和 19 万孤儿，平均到每个地级市特殊儿童群体数量仅在 1500 人左右，流动儿童中的特殊和困境儿童数量更少。常住地向非户籍儿童拓展提供这类服务的财政投入相对较小。

第四类：低需求高成本的基本公共服务。包括老年人福利补贴、居民养老保险等养老服务，低保、特困人员供养等社会救助服务。相对就业、教育、医疗而言，流动人口对这些服务的需求迫切程度相对靠后，但由于常住地供给面临长期持续投入压力，服务供给成本较高。

2. 亟需与酌情实施的政策供给

一是对高需求低成本的基本公共服务，短期内尽快覆盖全部常住人口。就业援助、就业见习等服务项目，目前仅有少数城市尚未完全对非户籍常住人口开放，涉及人数较少、资金规模较小、流动人口需求最为迫切，建议尽快取消户籍限制，实现基本公共就业服务常住地登记、常住地供给。针对工伤失业保险农民工参保率低等问题，加快统一农民工和城镇职工失业保险参保缴费办法和保险待遇，提高农民工参保率。

二是对高需求高成本的基本公共服务，加大非户籍常住人口开放力度，有序实现与户籍人口同等提供。根据学龄人口和随迁子女流动趋势，优化公办基础教育学位供给，在常住地为随迁子女提供公平的、相对充分的学位。完善随迁子女在常住地参加中考、高考政策，招生计划向随迁子女较多的地区倾斜，避免影响当地中考高考录取比例。城镇新增建设用地规模由与落户人口挂钩转向与常住人口以及保障性住房供给规模挂钩，增加人口集中流入地公租房供给。推进医疗保险省级统筹，扩大异地就医直接结算范围，落实持居住证参加常住地城乡居民医保政策。

三是对低需求低成本的基本公共服务，加快转向常住地供给，确保服务无盲区。现阶段，特殊儿童、困境儿童保障服务由户籍地负责提供，但流动儿童信息难以精准及时获取，往往容易导致户籍地、常住地"两不管"。建议尽快明确经常居住地的儿童关爱服务主体责任，建立流入地流出地协同机制，加强对非户籍困境儿童的发现报告和帮扶干预，确保流动困境儿童得到有效保障和关爱服务。

四是对低需求高成本的基本公共服务，加强顶层设计，中长期稳步实现由常住地提供。开展常住地申领社会救助、老年人福利补贴试点，与居住年限、社保缴纳年限相挂钩，在试点基础上稳步推广。推进养老服务补贴"钱随人走"，在跨域区服务标准互认互通、信息共享对接基础上，开展养老服务补贴异地结算。加强养老保险顶层设计，推动实现基本养老保险全国统筹，在全国范围内自由流转。

（三）因城施策：兼顾城市规模与供给压力

1.基于城市规模和供给压力的城市分类

根据城市人口规模大小，以及人口流入数量和类型，将全国 297 个地级以上城市划分为四大类，如下表所示。

表 1-6　297 个地级以上城市类型划分

城市类型	城市	非户籍常住人口平均规模（万人）	跨省流动人口占比均值（%）
I 类：跨省流动人口集中的超大城市（4 个）	直辖市：北京、上海 省会城市：广州 计划单列市：深圳	964.8	79.1
II 类：跨省流动人口集中城市（5 个）	直辖市：天津市 计划单列市：宁波市 地级市：苏州市、东莞市、佛山市	490.6	69.2
III 类：省内流动人口集中城市（23 个）	直辖市：重庆市 省会城市：成都市、西安市、郑州市、武汉市、杭州市、石家庄市、长沙市、哈尔滨市、合肥市、南京市、济南市、长春市、沈阳市、南宁市、昆明市、福州市、南昌市、太原市、乌鲁木齐市 计划单列市：大连市、青岛市、厦门市	196.9	22.6
IV 类：城区人口 300 万以下城市（265 个）	沿海大中城市：无锡市、常州市、温州市、金华市、嘉兴市、惠州市、中山市、珠海市、泉州市 中西部省会城市：贵阳市、兰州市、呼和浩特市、海口市、银川市、西宁市、拉萨市 其他地级市：略	——	——

说明：根据第七次全国人口普查数据、2021 年中国城市统计年鉴、2015 年全国 1% 人口抽样调查数据计算整理。

I 类：跨省流动人口集中的超大城市，包括北京、上海、广州、深圳 4 个城市。这些超大城市流动人口平均近 1000 万，且近 8 成跨省流入，是基本公共服务常住人口全覆盖的攻坚地区，对外来人口开放公共服务的供给压力巨大。

II类：跨省流动人口集中城市，包括天津、宁波、东莞、佛山、苏州5个城市。这些城市平均流入人口在500万左右，且以跨省流入为主，常住地政府提供基本公共服务的压力较大。

III类：省内流动人口集中城市，包括成都等省会城市以及重庆、青岛、厦门等23个城市。这类城市以省会城市为主，常住非户籍人口规模平均在200万人左右，其中省内流入的比重约在八成左右，前两类城市相比，省内流动人口集中的城市基本公共服务由常住地供给的压力相对较小。

IV类：城区人口300万以下城市，共265个。除部分中西部省会城市和沿海人口主要流入的大中城市之外，大部分城市为人口流出地区，或非户籍常住人口规模和比重相对较小，且主要以省内流动人口为主，改革成本较低、阻力较小。

2.分步分城实现常住地供给的政策路径

基于四类城市划分，遵循"先易后难""试点带动"的原则，建议分三步走梯次实现基本公共服务由常住地供给、覆盖全部常住人口。

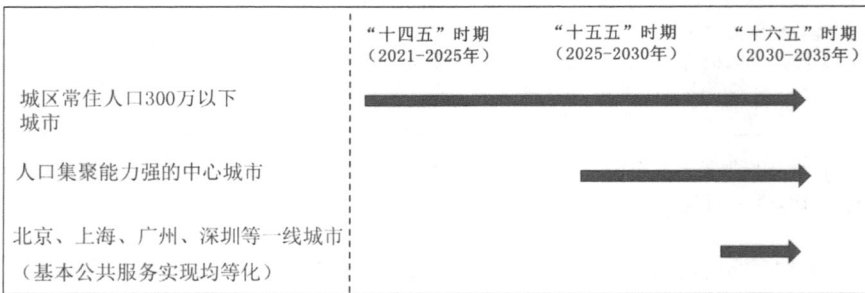

图1-13　基本公共服务由常住地供给"三步走"时间表与路线图

第一步：到 2025 年，IV 类城市率先实现覆盖全部常住人口。

一是以居住证"强功能、扩数量"实现 IV 类城市基本公共服务由常住地提供。对于城区常住人口 300 万以下城市，提高居住证含金量，按照"七有两保障"要求，建立居住证与基本公共服务全面挂钩机制。持续扩大为居住证持有人提供基本公共服务的范围，将未对非户籍常住人口全面开放的服务项目纳入必选项，实现与户籍居民享有同等权利。

二是探索在 IV 类城市中选择沿海重点城市开展试点。在公共服务供给、"三挂钩一维护"等方面加大支持力度，探索健全成本分担机制。率先实行以居住证为载体、与居住年限等条件相挂钩的基本公共服务提供机制，提高居住证持有人常住地基本公共服务实际享有水平，为常住地提供基本公共服务制度改革探索道路，提供可复制可推广的经验。

三是推进超大特大城市重点人群基本公共服务供给。"十四五"时期，非户籍常住人口集聚的超大特大和人口集聚能力强的中心城市，要量力而行、尽力而为，优先聚焦具有稳定工作的长期居住、举家迁徙等重点人群，全面保障基本公共服务。在具备条件的重点都市圈内，统筹推动基本公共服务一体化发展，开展户籍准入年限同城化累计互认、居住证互通互认，试行以经常居住地登记户口制度。

四是降低居住证申领门槛，增加居住证注签便利度。简化规范居住证申领程序和申领条件，取消连续缴纳社保、房屋租赁合同备案证明等门槛要求。便利居住证签注手续，全面推行电子居住证，推广居住证签注"一网通办""自助办"。加大居住证政策宣传力度，提高流动人口相关政策知晓度。

第二步：到 2030 年，除 I 类城市外基本实现覆盖全部常住人口。

一是对其他以省内流动人口为主的直辖市、省会城市、计划单列市，强化基本公共服务省内统筹力度。推动实现社会保险制度省级统筹、资源省内自由流转、异地待遇互认，基本公共服务政策区域统筹衔接、信息互联共享，推动实现省内基本公共服务均等化。实行居住证在全省范围内"一证通用"，居住证登记信息共享互通。

二是对跨省流动人口集聚城市，加大中央和省级政府支持力度。在科学评估基础上，借鉴试点经验，强化向非户籍人口提供基本公共服务的土地、资金、人才等要素保障。加大土地供应指标的倾斜力度，探索建立健全跨省建设用地指标跨区域交易机制，完善多元化可持续的资金保障机制，优化事业编制调配、增加教师医生编制数量。

三是促进城市群基本公共服务均等化。城市群是我国承载发展要素的主要空间形式，集聚人口和经济作用持续显现，19 个城市群承载了我国 75% 以上的城镇人口、贡献了 80% 以上的国内生产总值。城市群基本公共服务均等化，是实现基本公共服务常住地供给的关键一环。推动城市群基本公共服务制度有效衔接、资源共享、待遇互认，缩小城市群内部基本公共服务差距，以积分等形式梯度赋权、有序拓展居住证持有人可享有基本公共服务的范围，促进城市群内居住证互通互认。

第三步：到 2035 年，全面实现基本公共服务由常住地供给，基本公共服务实现均等化。

推动实现居住证、身份证、户籍"三证合一"。全面消除户籍人口、持居住证人口、非户籍常住人口的基本公共服务差别，健全以身份证号码为标识、与居住年限相挂钩的基本公共服务提供机制，实现居住证与身份证功能衔接并轨，以身份证作为全面加载公民居住、就业、收入、房产、社保、税务、教育、信用等各类信息和享有基本公共服务的唯一载体，在全国范围内实现人口的自由有序迁徙和平等享有基本公共服务权益。

（四）配套施策：统筹激励相容与有效约束

1.完善央地财政权责划分

一是进一步发挥中央政府统筹作用。完善与常住人口挂钩的转移支付机制，通过财政性基本建设资金对流入人口较多的城市基础设施投资进行补助，在中央财政市民化奖励资金的分配中考虑持有居住证人口因素，进一步提高转移支付资金分配的科学性和合理性，提升流入地政府开放基本公共服务的改革动力。

二是理顺省以下基本公共服务事权和支出责任划分。合理确定省以下各级政府公共服务支出责任，适度加强省级政府事权，将财政支出责任适度上移，增强基层政府的公共服务财政保障能力。

2.建立绩效考核机制

探索开展常住地提供基本公共服务绩效考核，定期对基本公共服务项目向非户籍人口开放的实施和进展情况进行考核，结果作为财政部门安排和拨付市民化奖励资金以及基本公共服务项目补助的重要依据。根据考核结果，合理确定下一阶段目标任务，对进展突出的地区给予适当奖励，总结经验并进行推广交流；对于考核中发现的问题及时督促整改。

3.增强要素保障支撑

一是加强人口流入地人员编制保障。提高基层医疗卫生机构等公共服务机构的入编率，对于空编率较多机构加大人员公开招聘力度。

鼓励建立"编制周转池"制度，在省级、市级层面统筹分散的闲置编制资源，优先用于中小学校、医疗卫生机构人员编制。结合人口流动情况探索事业编制跨省统筹，根据人口流动情况，动态调整流入省份和流出省份编制定额。

二是健全人地挂钩机制。在新增城镇建设用地指标分配依据中，将为持有居住证人口提供公租房等民生用地需求纳入考量，与保障性住房供给规模挂钩。在城市规划中，结合常住人口预测，前瞻性规划基本公共服务用地，优先保障基本公共服务设施用地。

三是增强信息技术支撑。推进互联网、大数据等信息技术在公共服务领域的运用，整合跨部门、跨地区人口和公共服务数据信息，推进公安、统计、卫健、医保、教育、人社、民政、住建等部门以及流入地、流出地政府间数据共享，为基本公共服务跨区域转移接续、常住地户籍地信息互通提供技术保障。

（执笔人：魏义方、邢伟）

参考资料目录：

[1]葛延风. 关于社会政策的几点思考[J].中国机构改革与管理，2016（06）：34-36.

[2]马晓河，胡拥军. 一亿农业转移人口市民化的难题研究[J].农业经济问题，2018（04）：4-14.

[3]黄群慧，刘尚希，张车伟，张晓晶，杨开忠，胡滨，闫坤. 从党的百年奋斗重大成就和历史经验总结中思考推进中国经济学"三大体系"建设：学习贯彻党的十九届六中全会精神笔谈[J].经济研究，2021，56（12）：4-19.

［4］王智勇．流动人口与经济发展：基于地级市数据的研究 [J].现代城市研究，2013，28（03）：12-20.

［5］蔡昉，都阳，杨开忠．新中国城镇化发展 70 年 [M]．北京：人民出版社，2019.

［6］周黎安．行政发包制 [J].社会，2014，34（06）：1-38.

［7］刘昆．深入学习贯彻中央经济工作会议精神　稳字当头稳中求进　做好财政改革发展工作 [J].预算管理与会计，2022（04）：13-15.

［8］陆杰华，李月．居住证制度改革新政：演进、挑战与改革路径 [J].国家行政学院学报，2015（05）：50-56.

［9］周韵曦．以优质均衡教育为亿万儿童插上"逐梦之翼"[N].中国妇女报．2022-05-25.

［10］陈蕊．中国收缩型城市的综合测度与影响因素分析 [J].统计与决策，2021，37（23）：68-71.

［11］陆杰华，林嘉琪．高流动性迁徙的区域性特征、主要挑战及其战略应对：基于"七普"数据的分析 [J].中共福建省委党校（福建行政学院）学报，2021（06）：4-14.

［12］聂伟．举家迁移与农民工城镇落户意愿 [J].东北农业大学学报（社会科学版），2021，19（06）：37-49.

［13］宋全成，封莹．家庭化流动对流动人口就业的影响：基于 2016 年全国流动人口动态监测数据的分析 [J].学习与实践，2019（08）：34-46.

［14］付朝欢，袁琳．城镇化加速　农民工举家迁徙比例达 60%，fgw.hunan.gov.cn，2019 年 06 月 06 日

［15］朱宇，林李月．流动人口在城镇的居留意愿及其决定因素：文献综述及其启示 [J].人口与经济，2019（02）：17-27.

［16］林李月，朱宇，柯文前．新时期典型城镇化地区的人口流动研究：以福建省为例 [J].福建师范大学学报（自然科学版），2019，35（06）：100-107.

［17］许经勇．居住证制度的过渡性特征及改革路径 [J].湖湘论坛，2020，

33（02）：81-87.

[18] 孙婕．积分落户制度实施模式比较研究 [J]．中国人民公安大学学报（社会科学版），2018，34（04）：138-146.

[19] 顾严，李爽等，落脚与落户的抉择：加快提高户籍人口城镇化率问题研究 [M]．中国社会出版社，2017.

[20] 程郁，赵俊超，殷浩栋，伍振军，孙成龙，揭梦吟．分层次推进农民工市民化：破解"愿落不能落、能落不愿落"的两难困境 [J]．管理世界，2022，38（04）.

常住地提供基本公共服务的
政策演进与现状分析

内容提要：根据"七普"数据，目前我国尚有2亿多常住人口无法与户籍人口享有同等的基本公共服务。本研究逐一梳理《国家基本公共服务标准（2021年版）》中9个领域80项基本公共服务在常住地的落实情况，找到基本公共服务供给的难点和堵点，有助于在补短板强弱项提质量方面取得实效。

进入新发展阶段，贯彻新发展理念，构建新发展格局，需要健全基本公共服务制度。2021年，中央经济工作会议指出，要统筹推进经济发展和民生保障，健全常住地提供基本公共服务制度。第七次全国人口普查结果显示，2020年全国常住人口城镇化率为63.89%，而2020年全国户籍人口城镇化率仅为45.4%，两者间有超过18个百分点的差距。由此可知，在某种程度上，全国有2亿多常住居民无法与户籍居民享有同等的基本公共服务权利，常住地提供基本公共服务制度亟须健全。

一、由常住地提供基本公共服务的重要意义

（一）由常住地提供基本公共服务是推动经济高质量发展的重要路径

经济高质量发展要有高质量人力资本基础。长期以来，户籍与非户籍人口的基本公共服务享有存在一定差异，且教育、医疗等基本公共服务又是人力资本积累与提升的关键要件，这让许多非户籍人口的人力资本积累提升受限。因此，由常住地提供基本公共服务，以常住地标准而非户籍标准纳入基本公共服务享有体系，能有效推动人力资本积累，拓宽人才"蓄水池"，进而为高质量发展提供高质量的人力资本支撑。同时，高质量发展离不开创新，创新需要人才要素的有效配置，而人才流动是前提。由常住地提供基本公共服务，可以有效打破束缚要素自由流动的制度障碍，降低人力资本的流动成本，实现人力资本的有效配置，从而激发创新效率。

（二）由常住地提供基本公共服务，是畅通"国内大循环"的重要路径

畅通国内大循环，坚持扩大内需战略基点，消费是关键。户籍人口与非户籍人口基本公共服务制度享有方面的差异带来消费差距，一直是经济学的研究共识，城市非户籍居民的消费要低于当地户籍居民。扩大内需、畅通国内大循环的重点之一，在于健全常住地基本公共服务制度。消除户籍与非户籍基本公共服务水平的差异，能有效提升非

户籍常住地居民的消费水平，降低非户籍常住地居民在教育、医疗、养老等社会保障方面的支出，从而增加实际可支配收入，进而提升消费水平。更关键的是，均等化的基本公共服务让流动人口有更公平的机会提升人力资本、获取更高收入，最终提高其消费力。因而，由常住地提供基本公共服务，能有效减轻公共服务支出压力，成为扩大内需、畅通国内大循环的关键举措。

（三）由常住地提供基本公共服务，是实现共同富裕的重要路径

扎实有效推动共同富裕，离不开再分配的调节力量。加大税收、社保、转移支付等的调节力度，基本公共服务制度成为调节再分配的重要机制。社会保障等基本公共服务制度通过缩小户籍与非户籍居民的基本公共服务享有差异，提升流动人口的人力资本水平，同时减轻公共服务支出负担，从而缩小收入差距，让流动人口有机会、有能力参与再分配调节，促进共同富裕。由此，由常住地提供基本公共服务，可以逐步实现非户籍常住地居民与户籍居民的基本公共服务均等化享有，缩小收入差距，有效调节收入再分配，成为实现共同富裕的实践途径之一。

二、由常住地提供基本公共服务的政策演进

改革开放之后，我国开始以经济建设为中心，大力发展社会生产力，努力以生产力的跨越式发展来保障社会主义公民基本生存与发展权利享有的物质基础。经过不断努力，我国生产力获得了空前解放，

为保障公民基本生存与发展权利提供了充分的物质基础。2001 年，我国物质积累逐渐丰富，农业在国民经济中的比重下降到了 14.1%，在我国历史上该比例首次低于 15%，这是公认的全面进入工业化国家的临界值。有了这些物质基础的保障，我国开始将传统的基本生存与发展权利保障政策向更为科学的长效机制转变，在我国历史上第一次出现了"基本公共服务能力的均等化"的政策用语，标志着我国开始进入以中国特色社会主义的"基本公共服务均等化"为工具来保障公民生存与发展权利的新的历史阶段。

（一）初步平台化阶段（2000—2005 年）

1. 政策演进

2000 年 1 月，财政部出台《过渡期财政转移支付办法（1999）》明确提出，"过渡期转移支付重点帮助财政困难地区缓解财政运行中的突出矛盾，逐步实现各地基本公共服务能力的均等化"，标志着我国将保障公民基本权利平等的诉求平台化、集约化，并落地化成为"基本公共服务"，初步形成了保障公民基本生存与发展权利的"中国特色"。2001 年，国家正式开始推行"城镇居民养老保险制度"，城镇非从业居民可自愿参加，极大扩展了保障范围。2002 年 12 月，财政部出台《关于 2002 年一般性转移支付办法》（财预〔2002〕616 号），第一次将实现基本公共服务均等化上升到国家"全面建设小康社会"的战略高度。以 2003 年为分水岭，"公共财政覆盖农村"正式成为一种"基本公共服务能力均等化"的制度安排。

2. 实施效果

到 2005 年，我国小学和初中生人均预算内公用经费分别为 1327.2 元和 1498.3 元，就学费而言，基本实现了全国各地孩子"上得起学"的受教育权利；人均财政预算卫生支出从 2000 年的 56.0 元上涨到 2005 年的 118.7 元（图 2-1），在一定程度上保障了群众"看得起病"的权利；社会保障范围扩大，城镇基本养老保险覆盖人数达到了 2.23 亿人，新型农村合作医疗覆盖率达到 80%。

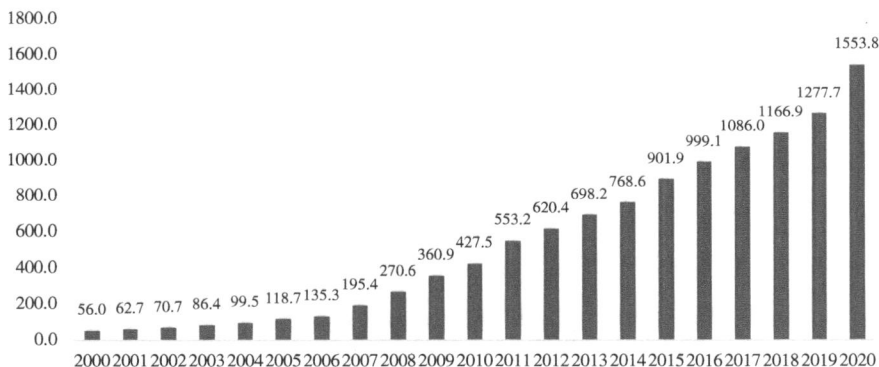

图 2-1　2000—2020 年人均政府卫生支出（单位：元）

数据来源：作者根据国家统计局网站数据整理。

（二）扩展范围阶段（2006—2010 年）

1. 政策演进

2006 年 3 月，随着《中华人民共和国国民经济和社会发展第十一个五年规划纲要》中以"均等化基本公共服务"取代"基本公共服务能力均等化"，我国保障公民基本生存与发展权利的政策实践进入快车道。2006 年，国家对农村义务教育投入政策进行重大调整，实行"两免一补政策"，即免除农村中小学学杂费，免费提供教科书，并对中西部地区家庭经济困难的寄宿生提供生活补助。中央财政全额承担农村义务教育阶段学生的免费教科书经费，小学生人均90元，初中生人均180元，有效保障了农村学生受教育权利。2007年出台了多项保障公民基本生存与发展权利的政策，如将保障性住房体系纳入政府基本公共服务范畴，将原本不属于城镇职工医保覆盖范围的学生、少年儿童和其他非从业人员纳入了医保范围，将家庭成员人均收入低于当地低保标准的城乡居民纳入低保范围等。2009年9月，我国推行"新型农村社会养老保险制度"试点工作，以基础养老金的方式解决年满60周岁的农民养老问题，政府对符合领取条件的参保人全额支付基本养老金。同时，中央对中西部地区给予全额补助，对东部地区给予50%的补助。2009年12月，国务院常务会议决定，从2010年1月1日起《城镇企业职工基本养老保险关系转移接续暂行办法》开始实施，以便从基本养老保障角度打通城乡隔阂，为其他领域的基本公共服务均等化打下基础、探索出路。

2. 实施效果

经过不懈努力，我国各项基本公共服务均取得了较大进展，强度不断走高。2010年我国城市最低生活保障平均标准上涨到3010.4元/人·年，农村最低生活保障平均标准达到1404元/人·年，均创历史新高（图2-2）。农村小学和中学人均经费比例达到了全国平均标准的94%，几乎消除了城乡差距。参与新农合的农民达到7.3亿人，占农村户籍人口总数的85.7%。其他领域的基本公共服务保障，也都取得了较之于"十一五"期间的巨大进步。

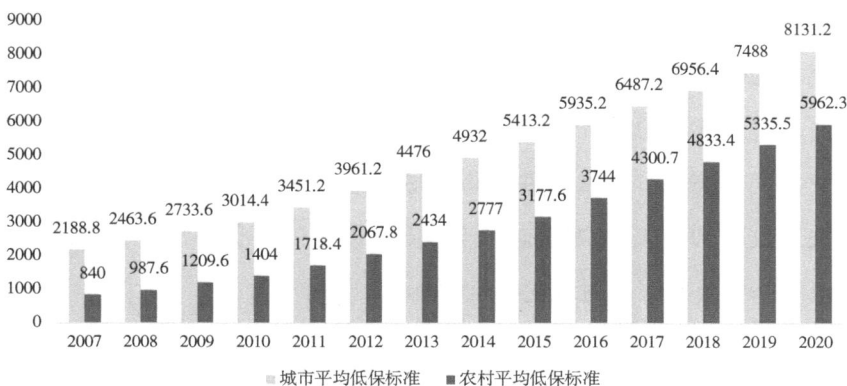

图 2-2　2007—2020 年城市和农村平均低保标准（单位：元／人·年）

数据来源：作者根据历年《民政事业（社会服务）发展统计公报》整理。

（三）健全服务体系阶段（2011—2015 年）

1. 政策演进

2011 年初，我国城镇化率突破 50%，既为新时期完善基本公共服务体系打下更好的物质基础，也为健全基本公共服务体系提出了更高的要求。2011 年 3 月，《中华人民共和国国民经济和社会发展第十二个五年规划纲要》第一次专辟一篇（共 16 篇）共七章内容来规划如何"建立健全基本公共服务体系"，对基本公共服务均等化做出了开创性、奠基性的顶层设计，在我国保障公民基本生存与发展权利历史上具有里程碑性质。2012 年 5 月，国务院常务会议讨论通过了《国家基本公共服务体系"十二五"规划》，这是我国历史上第一个国家层面的基本公共服务专门规划，标志着基本公共服务走向规范化、标准化。2013 年 11 月，党的十八届三中全会通过了《中共中央关于全面深化改革若干重大问题的决定》，明确"稳步推进城镇基本公共服务常住人口全覆

盖"，"统筹城乡基础设施建设和社区建设，推进城乡基本公共服务均
等化"。2014 年 2 月，国家将新型农民养老保险与城镇居民养老保险
合并，建立统一的城乡居民基本养老保险制度，打通了城乡参保范围、
缴费幅度，统一了支取条件、跨地域接续办法。2014 年 12 月，《国务
院关于改革和完善中央对地方转移支付制度的意见》出台，要求形成
规范的基本公共服务财政支持机制。

2. 实施效果

在各项政策推动下，从 2013 年起我国一般转移支付的比例开始高
于 50%，表明各地一般性基本公共服务投入越来越规范化、均等化，
保障强度越来越高。仅从义务教育来看，小学生人均一般公共预算教
育事业费从 2010 年的 4012.5 元上涨到 2015 年的 8838.4 元，增长了
120.27%；初中学生人均一般公共预算教育事业费从 2010 年的 5213.9
元上涨到 2015 年的 12105.1 元，增长了 132.17%，不但人均强度达到
历史新高，而且区域差距有所减小（图 2-3）。

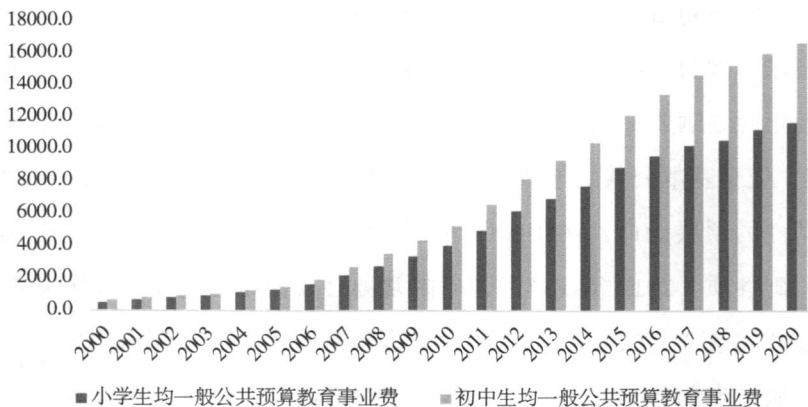

图 2-3　2000—2020 年小学生和初中生的公共预算教育事业费（单位：元）

数据来源：作者根据历年《全国教育事业发展统计公报》整理。

（四）均等化全覆盖阶段（2016 年至今）

1. 政策演进

党的十八届五中全会审议通过的《中共中央关于制定国民经济和社会发展第十三个五年规划的建议》指出，要"加强义务教育、就业服务、社会保障、基本医疗和公共卫生、公共文化、环境保护等基本公共服务，努力实现全覆盖"，即未来我国需在基本公共服务上实现内容体系"全覆盖"、地域"全覆盖"、受益对象"全覆盖"，基本公共服务进入了"均等化全覆盖"阶段。2016 年，国务院先后发布了《关于整合城乡居民基本医疗保险制度的意见》《全国社会保障基金条例》《关于进一步健全特困人员救助供养制度的意见》，着眼于保障制度实现统一覆盖范围、统一保障待遇、统一保障目录，体现了显著的"全覆盖"特征。2016 年 3 月的《中华人民共和国国民经济和社会发展第十三个五年规划纲要》指明了全覆盖的任务："就业、教育、文化、体育、社保、医疗、住房等公共服务体系更加健全，基本公共服务均等化水平稳步提高""建立国家基本公共服务清单，动态调整服务项目和标准，促进城乡区域间服务项目和标准有机衔接"。2016 年 4 月，人力资源和社会保障部、财政部联合印发《关于 2016 年调整退休人员基本养老金的通知》，将企业和机关事业单位退休人员的基本养老金提升 6.5% 左右，这是国家首次统一部署并同步调整企业和机关事业单位退休人员基本养老金水平。

2017 年 1 月，国务院下发基本公共服务领域第二份专门规划《"十三五"推进基本公共服务均等化规划》，将基本公共服务均等化、全覆盖与全面建成小康社会、中国梦有机联系起来，同时提出通过"推动基本公共服务全覆盖"来弥补改革中的各类短板，明确"全覆盖"的内容范畴包括公共教育、就业创业、社会保险、医疗卫生等8大类、81个子类。2017年10月，党的十九大报告表明了我国推进基本公共服务"全覆盖"的坚强决心，并为基本公共服务全覆盖规划了美好蓝图，即"再奋斗十五年，基本公共服务均等化基本实现"。

2018年12月，中共中央办公厅、国务院办公厅印发了《关于建立健全基本公共服务标准体系的指导意见》，这是我国第三份基本公共服务领域的专门文件。这一指导意见强调，各地要"建立统一的城乡基本公共服务制度，完善基本公共服务标准体系，规范服务流程，提升服务质量"，同时也明确了基本公共服务均等化实现的历史节点为2035年，为各地抓紧完善基本公共服务的"全覆盖"增添了使命感与紧迫感。2019年11月，党的十九届四中全会审议通过《中共中央关于坚持和完善中国特色社会主义制度、推进国家治理体系和治理能力现代化若干重大问题的决定》，旗帜鲜明地提出了基本公共服务"全覆盖"的路径：必须健全幼有所育、学有所教、劳有所得、病有所医、老有所养、住有所居、弱有所扶等方面国家基本公共服务制度体系。2020年10月，《中国共产党第十九届中央委员会第五次全体会议公报》重申"2035年基本公共服务实现均等化"的目标。2020年11月3日，《中共中央关于制定国民经济和社会发展第十四个五年规划和二〇三五年远景目标的建议》正式颁布，在继续强调"全覆盖"目标的同时，进一步将其与"以人民为中心"的社会主义原则有机结合，提出在新时代要"坚持把实现好、维护好、发展好最广大人民根本利益作为发展的出发点和落脚点，尽力而为、量力而行，健全基本公共服务体系"，再次证明基本公共服务均等化本身就是保障社会主义公民基本生存与发展权利实现的伟大事业，是努力实现社会主义本质的伟大事业的有机组成部分。

2. 实施效果

在此阶段，我国基本公共服务"全覆盖"取得了突出成果，5575万农村贫困人口实现脱贫，彻底消灭了绝对贫困；城镇新增就业超过6000万人，建成了世界上规模最大的社会保障体系，基本医疗保险覆盖超过13亿人，基本养老保险覆盖近10亿人。

3. 由常住地提供基本公共服务现状分析

2000年以来，我国流动人口开始大幅度增加，在区域内城市间经济发展不平衡的背景下，人口流动动力始终保持强劲。第七次人口普查数据显示，与2010年相比，2020年人户分离人口增长88.52%，常住非户籍人口占常住人口比重超过30%的城市达27个，而且，超过70%的流动人口以部分或完整家庭形式流动，家庭化特征十分明显。新型城镇化加快推进和常住地人口变动特点，对基本公共服务的内容和水平也提出了新要求。2021年，我国城区常住人口300万以下的城市基本取消落户限制，超过1亿农业转移人口在城镇落户，农业转移人口市民化成效明显，并向未落户常住人口发放1亿多张居住证，基本公共服务正在加快覆盖全部城镇常住人口，农业转移人口享有更多更好的义务教育、医疗卫生和技能培训等服务。因此，分领域逐条对照《国家基本公共服务标准（2021年版）》中80项基本公共服务（表2-1和表2-2）在常住地的落实情况，有助于厘清当前基本公共服务的难点和堵点，有助于在补短板强弱项提质量方面取得实效。

表 2-1   非户籍人口享有常住地提供的基本公共服务具体项目

大类	中类	小类	平等享有	有瑕疵享有	无法享有
幼有所育	优孕优生服务	1.农村免费孕前优生健康检查	√		
		2.孕产妇健康服务		√	
		3.基本避孕服务	√		
		4.生育保险	√		
	儿童健康服务	5.预防接种	√		
		6.儿童健康管理	√		
	儿童关爱服务	7.特殊儿童群体基本生活保障		√	
		8.困境儿童保障	√		
		9.农村留守儿童关爱保护	√		
学有所教	学前教育助学服务	10.学前教育幼儿资助		√	
	义务教育服务	11.义务教育阶段免除学杂费	√		
		12.义务教育免费提供教科书	√		
		13.义务教育家庭经济困难学生生活补助	√		
		14.贫困地区学生营养膳食补助	√		
	普通高中助学服务	15.普通高中国家助学金	√		
		16.普通高中免学杂费	√		
	中等职业教育助学服务	17.中等职业教育国家助学金	√		
		18.中等职业教育免除学费	√		
劳有所得	就业创业服务	19.就业信息服务	√		
		20.职业介绍、职业指导、创业开业指导	√		
		21.就业登记与失业登记		√	
		22.流动人员人事档案管理服务		√	
		23.就业见习服务	√		
		24.就业援助		√	
		25.职业技能培训、鉴定和生活费补贴	√		
		26."12333"人力资源和社会保障电话服务	√		
		27.劳动关系协调	√		
		28.劳动用工保障	√		

大类	中类	小类	平等享有	有瑕疵享有	无法享有
劳有所得	工伤失业保险服务	29. 失业保险	√		
		30. 工伤保险	√		
病有所医	公共卫生服务	31. 建立居民健康档案		√	
		32. 健康教育与健康素养促进	√		
		33. 传染病及突发公共卫生事件报告和处理	√		
		34. 卫生监督协管服务	√		
		35. 慢性病患者健康管理		√	
		36. 地方病患者健康管理	√		
		37. 严重精神障碍患者健康管理	√		
		38. 结核病患者管理	√		
		39. 艾滋病病毒感染者和病人随访管理	√		
		40. 社区易感染艾滋病高危行为人群干预	√		
		41. 基本药物供应保障服务	√		
		42. 食品药品安全保障	√		
	医疗保险服务	43. 职工基本医疗保险	√		
		44. 城乡居民基本医疗保险			√
	计划生育扶助服务	45. 农村符合条件的计划生育家庭奖励扶助	√		
		46. 计划生育家庭特别扶助	√		
老有所养	养老助老服务	47. 老年人健康管理	√		
		48. 老年人福利补贴			√
	养老保险服务	49. 职工基本养老保险	√		
		50. 城乡居民基本养老保险		√	
住有所居	公租房服务	51. 公租房保障		√	
	住房改造服务	52. 城镇棚户区住房改造	√		
		53. 农村危房改造	√		
弱有所扶	社会救助服务	54. 最低生活保障			√
		55. 特困人员救助供养			√
		56. 医疗救助		√	

大类	中类	小类	平等享有	有瑕疵享有	无法享有
弱有所扶	社会救助服务	57.临时救助	√		
	社会救助服务	58.受灾人员救助	√		
	公共法律服务	59.法律援助	√		
	扶残助残服务	60.困难残疾人生活补贴和重度残疾人护理补贴			√
		61.无业重度残疾人最低生活保障			√
		62.残疾人托养照料服务	√		
		63.残疾人康复服务	√		
		64.残疾儿童及青少年教育	√		
		65.残疾人职业培训和就业服务	√		
		66.残疾人文化体育服务	√		
		67.残疾人和老年人无障碍环境建设	√		
优军优抚服务	优军优抚服务	68.优待抚恤		√	
		69.退役军人安置		√	
		70.退役军人就业创业服务		√	
		71.特殊群体集中供养			√
文化体育保障	公共文化服务	72.公共文化设施免费开放	√		
		73.送地方戏	√		
		74.收听广播	√		
		75.观看电视	√		
		76.观赏电影	√		
		77.读书看报	√		
		78.少数民族文化服务	√		
	公共体育服务	79.公共体育设施开放	√		
		80.全民健身服务	√		
合计			59	14	7

资料来源：作者整理。

表 2-2　非户籍人口享有常住地提供的基本公共服务分类

八大类服务	项目数	平等享有	有瑕疵享有	无法享有
幼有所育	9	7	2	0
学有所教	9	8	1	0
劳有所得	12	9	3	0
病有所医	16	13	2	1
老有所养	4	2	1	1
住有所居	3	2	1	0
弱有所扶	14	9	1	4
优军优抚服务	4	0	3	1
文化体育保障	9	9	0	0
合计	80	59	14	7

资料来源：作者整理。

（一）常住地提供"幼有所育"服务现状

目前，《国家基本公共服务标准（2021 年版）》中的"幼有所育"9 项服务（优孕优生 4 项、儿童健康 2 项、儿童关爱 3 项）里，非户籍人口有 7 项服务可在常住地与户籍人口平等享有，但在享有"孕产妇健康服务""特殊儿童群体基本生活保障"2 项服务上存在瑕疵。

1. 妇幼健康水平显著提升

党的十八大以来，国家高度重视妇女儿童事业，聚焦群众"不愿生、不敢生、生不出、生不好"的问题，着力营造生育友好的社会环境，积极构建生育支持政策体系，降低生育养育教育的成本，加强生殖健康服务和出生缺陷综合防治，积极推进优生优育指导和婴幼儿照护服务工作。广泛开展"优生优育进万家"活动，推动婴幼儿照护服务示范创建，建立亲子小屋，促进农村儿童早期发展，推广"全国免费婚孕检信息服务平台"。2019 年以来，全国各级计生协累计举办宣传教育、家长课堂、亲子活动等 30 多万场，组织入户访视和家庭指导 127 万次，受益群众达 1000 万人次。2021 年，我国孕产妇死亡率已下降到 16.1/10 万，婴儿死亡率下降至 5.0‰，5 岁以下儿童死亡率下降至 7.1‰，妇幼健康核心指标降至历史最低水平，位于全球中高收入国家前列。

2. 两项服务属于有瑕疵享有

一是孕产妇健康服务力度和覆盖面小。目前，常住地为非户籍人口的孕产妇提供健康服务普遍存在服务对象流动性大、产后访视工作难开展、技术服务可及性差、医生与服务对象交流不够、健康指导工作不到位、服务方式较单一不能满足多样化需求、服务人员和经费缺乏等问题，因此属于有瑕疵的基本公共服务供给。

二是特殊儿童群体基本生活保障服务面向户籍人口。特殊儿童基本生活保障的对象是孤儿、艾滋病病毒感染儿童和事实无人抚养儿童。目前，全国有 6 万名集中养育孤儿、13.4 万名社会散居孤儿、25.3 万名事实无人抚养儿童纳入保障范围。但是，各地对特殊儿童的统计主要为户籍人口，非户籍人口中的特殊儿童群体难以享受常住地服务。

（二）常住地提供"学有所教"服务现状

对照《国家基本公共服务标准（2021 年版）》中的"学有所教"9 项服务（学前教育助学服务 1 项、义务教育服务 4 项、普通高中助学服务 2 项、中等职业教育助学服务 2 项），目前，主要是在学前教育阶段存在服务瑕疵，"学前教育幼儿资助"服务落实不到位；而义务教育阶段的 4 项服务均可由常住地提供，但服务质量有待提升。

1. 总体水平不断提升

启动实施教育强国推进工程。近年来，我国在基础教育补短板、职业教育树精品、高等教育创一流方面稳步推进。集中力量支持欠发达地区特别是"三区三州"等原深度贫困地区以义务教育为重点，统筹学前教育资源建设，扩大学位供给。持续增加普惠性学前教育资源供给，改善县域普通高中学校基本办学条件。2021 年，我国九年义务教育巩固率、高中阶段教育毛入学率分别达到 95.4%、91.4%，普通高等教育本专科招生和研究生招生超过 1100 万人。

保障随迁子女平等接受义务教育。《国务院关于基础教育改革与发展的决定》（国发〔2001〕21 号）提出"以流入地政府管理为主、以全日制公办中小学为主"的"两为主"政策要求，中共中央、国务院印发《国家新型城镇化规划（2014—2020 年）》（2014 年第 9 号）提出"将常住人口全部纳入区域教育发展规划、全部纳入财政保障范围"的"两纳入"政策要求，进一步明确了人口流入地政府保障随迁子女接受义务教育的主体责任，义务教育阶段流动儿童的教育普及情况逐步得到改善。2020 年，义务教育阶段随迁子女人数达到 1429.7 万人，比 2015 年增长了 62.6 万人，85.8% 的进城务工人员随迁子女在公办学校就读或者享受政府购买学位的服务，与整个义务教育阶段学生在公办学校就读的比例（89.2%）大体相当，只有三个省份的比例低于全国平均水平。2021 年，约有 90% 左右农民工随迁子女能够在流入地公办学校或政府购买学位的学校接受义务教育。

农村义务教育学生营养膳食补助标准进一步提高。2021 年财政部、教育部印发《关于深入实施农村义务教育学生营养改善计划的通知》（财教〔2021〕174 号），明确自 2021 年秋季学期起农村义务教育学生膳食补助标准由每生每天 4 元提高至 5 元。2021 年全年共安排学生营养膳食补助资金 260.34 亿元，比上年增长 12.9%。目前，营养改善计划覆盖全国 28 个省份 1552 个县，每年受益学生约 3795 万人，其中国家试点地区 2092 万人，地方试点地区 1703 万人。

2. 非户籍人口子女入园难、入园贵，"学前教育幼儿资助"服务存在瑕疵

各城市的外来务工人员都反映，目前其子女在接受学前教育时面临的最大问题就是入园难、入园贵（崔玥、王晓芬，2019）。多数公办幼儿园都要求本市户籍或至少本地户籍优先（如宁波）；少量接受非本地户籍的幼儿园要求外来务工子女提供诸多证明材料，如要求家长出示务工就业证明、实际住所居住证明、全家户口簿、常住地居住证、户口所在地乡镇政府出具的在当地没有监护条件的证明等。中国流动人口动态监测调查数据显示，外来务工子女上幼儿园的不超过六成，如北京、江苏和上海农村户籍流动儿童的入园比率分别为 59.2%、58.5% 和 56.5%，而能够进入公立幼儿园的学前流动儿童还不到 30%。因此，不少流动儿童只能进入民办幼儿园，民办幼儿园不仅收费较高，而且教学水平和师资标准参差不齐，甚至存在管理失当的情况，流动儿童未能同等获得应有的优质教育机会。

3. 义务教育阶段服务质量有待提升

一是入学门槛多、手续复杂。目前，各地纷纷建立以居住证为主要依据的随迁子女入学政策，政策大体可分为"积分制"和"材料准入式"两大类，均不同程度存在着申请证明材料种类较多、程序复杂的情况（韩嘉玲，2021）。在采用"积分制"的城市中，流动儿童占比更高的珠三角地区的入学政策总体比长三角地区更为友好，长三角地

区更看重个人素质类指标，珠三角地区更看重基本积累类指标，包括居住时限、社保等，且积分入学的设置偏向于高学历高技能人员，户籍和购房依然是随迁子女入学的重要考察因素等问题。"积分制"城市中，对儿童入学的友好程度排名由高到低依次为杭州、深圳、中山、广州、东莞、济南、苏州、成都、厦门、上海。采用"材料准入式"的城市中，入学要求与户籍制度关联度更高，入学门槛也相对更高，大部分城市对于居住证的申请是建立在部分"基本积累"指标的基础上，如社保年限、居住年限等。这类城市中，中西部城市（如西安、兰州和武汉）比华东、华北的发达城市（如南京、天津和北京）的入学政策更为友好。总体而言，人口在 500—1000 万的城市比人口在 1000 万以上的城市更为友好，杭州和西安比深圳和广州更为友好，而后者的入学政策比上海及北京更友好。

二是非户籍人口子女录取顺位靠后。各地普遍建立了以居住证为主要依据的入学政策，绝大多数省份随迁子女与当地户籍子女享有同等的义务教育阶段的入学政策。但是，机会均等并不意味着质量均等，"两为主""两纳入"政策仍然面临落地难，农民工随迁子女义务教育受歧视现象仍然存在。比如，宁波市规定在义务教育阶段，符合"住户一致"条件的户籍人口子女优先录取，流动人口在区域内有房产无户籍的次之，无房产的流动人口录取顺位排位最后（王明荣等，2021）。户籍人口子女与流动人口子女在录取顺位上的不同，是导致随迁子女最终无法和城市常住人口同等地享受优质教育资源的重要原因。另有一些城市在制定招生政策时，要求农民工子女入学必须"交齐五证"，或"由指定学校接收农民工子女"，或存在其他不同程度的区别对待现象，导致随迁子女只能进入教育质量相对较差的学校（宋福荣，

2019）。

三是中高考考试准入资格限制，存在升学困境。为解决流动儿童义务基础教育阶段后的教育问题，各地教育部门陆续颁布了异地中考的相关政策，根据当地情况设定不同的报考条件。如北京、天津等城市只向进城务工人员随迁子女开放了本地中等职业学校，对非京籍考生在京高考有十分严格的限制。在上海，流动儿童需满足积分达到标准分值等条件之一方可报考普通高中，达不到标准的只能报考中职和技校。2013 年，上海市、湖北省等省市先后放开了"异地高考"，规定外地随迁非沪籍考生满足一定条件后可在父母工作地参加本科和高职的招生考试，但众多严格条件令通过者寥寥无几。在珠三角地区，只有父母获得稳定居住、就业证明的流动儿童才有报考公办高中的资格，其中仅少数学业成绩优秀的能最终通过异地中考进入公办高中就读，流动儿童考入公办高中的机会远低于同一学业水平的户籍儿童（韩嘉玲，2021）。无法异地中高考，是阻碍流动儿童在流入地城市升学的主要门槛。

（三）常住地提供"劳有所得"服务现状

《国家基本公共服务标准（2021 年版）》中的"劳有所得"12 项服务（就业创业服务 10 项、工伤失业保险服务 2 项），多数可由常住地政府面向户籍人口与非户籍人口提供同等服务，但在"就业登记与失业登记""流动人员人事档案管理服务""就业援助"3 项存在服务瑕疵。

1.就业质量稳步提升

党的十八大以来，国家把促进就业摆在经济社会发展的优先位置，随着一系列拓展就业空间、加强就业保障的政策措施相继出台，就业结构不断优化，就业质量稳步提升。服务高校毕业生、退役军人、农民工等重点群体就业创业，加强新就业形态劳动者权益保障，促进灵活就业健康发展。2021 年，城乡居民收入稳步增长，人均可支配收入实际增长 8.1%，创业带动就业示范行动带动就业约 200 万人。大规模开展职业技能培训，建成一批公共实训基地。加强返乡入乡创业园建设，强化农民工等人员返乡入乡创业平台支撑。失业保险、工伤保险参保人数进一步增加，阶段性失业补助金政策延续实施，2021 年，通过工伤保险为 202 万人次工伤职工及供养亲属提供待遇保障。

2. 三项服务存在供给瑕疵

一是就业登记与失业登记服务主要面向户籍人口，对非户籍人口统计有遗漏。由于各地的就业服务平台基础设施建设还需进一步完善，目前的就业和失业登记主要针对户籍人口，而且非户籍人口流动性较强、就业稳定性不足，因此，对非户籍人口就业和失业登记服务的可及性、针对性、时效性均有待进一步提升。

二是流动人员人事档案管理服务不到位。目前，该项服务主要存在管理方式落后、转递程序紊乱、时效性不强等问题（张晓楠、韩建，2018）。首先，部分地区的流动人口人事档案管理相对落后，材料收集整理不正规、检索基本靠手工完成、档案资料查阅时以手工操作为主；加上保管条件不善，影响档案信息的安全性和准确性。其次，转递程序紊乱，存在流动人员私自携带、违规拆封档案的可能，或出现违规以邮寄方式传输档案的现象，增加不安全因素；部分流动人员未及时将档案转回，造成档案毁损遗失。最后，时效性不强。一些地区的档案人员配比不合理，加之材料收集范围和归档材料数量大、使用频率高、工作任务重，导致相关档案材料未能及时归入档案。

三是就业援助服务存在瑕疵。这是多方面原因导致的，可能是常住地主体供给不足，就业援助和技能信息发布渠道狭窄，就业资源调配能力有限，使就业援助过程呈碎片化状态；可能是服务对象对公共就业服务的认知度不高，认为没必要接受就业服务部门的就业指导；也可能是就业服务供给不能满足流动人口的多样化需求，如缺少有针对性的定向、定岗培训信息和就业指导服务，导致流动人口难以靠自身改变综合素质不高、就业能力不强的现状，就业稳定性较差（刘济源，2018）。

（四）常住地提供"病有所医"服务现状

《国家基本公共服务标准（2021年版）》中的"病有所医"共有16项服务（公共卫生服务12项、医疗保险服务2项、计划生育扶助服务2项），其中，"建立居民健康档案"、"慢性病患者健康管理"两项属于有瑕疵享有，而"城乡居民基本医疗保险"非户籍人口不能在一些常住地参保、无法享有服务。

1. 医疗卫生服务能力稳步推进

近年来，我国统筹推进常态化疫情防控和基本公共卫生服务工作，免费向全体城乡居民提供14大类国家基本公共卫生服务项目，公共卫生体系建设不断加强，疾病预防控制体系持续完善，公共卫生经费补助标准从2015年的人均40元增加到2021年的人均79元。多渠道动态更新和完善居民电子健康档案内容，包括个人基本信息、健康体检信息、重点人群健康管理记录和其他医疗卫生服务记录，确保档案内容真实、准确。推进基层慢病医防融合，以具备医、防、管等能力的复合型医务人员为核心，以高血压、2型糖尿病等慢病患者健康服务为突破口推进基层慢病医防融合。建立基层医疗卫生机构与上级医疗机构的双向协作和转诊机制，发挥疾控机构的技术指导作用。优化服务流程，为慢病患者提供预约、筛查、建档、随访、健康教育等服务。持续推进健康中国行动，围绕妇幼、老年人、慢病患者等重点人群，持续加强疫情防控宣传和开展健康科普宣传教育。

职工基本医疗保险、城乡居民基本医疗保险和大病保险制度更趋完善，医疗保障待遇清单制度建立。"十三五"期间，基本医疗参保人数达13.5亿人，基本医疗保险参保率稳定在95%以上。2021年，基本医疗保险覆盖13.6亿人，城乡居民基本医疗保险参保居民政策范围内住院费用报销比例保持在70%，普通门诊费用跨省直接结算已覆盖所有统筹地区，住院费用跨省直接结算率达到60%，长期护理保险制度试点扩大。

2."建立居民健康档案""慢性病患者健康管理"有瑕疵享有

一是居民健康档案尚未实现全覆盖。此项服务对象涵盖辖区内常住居民（指居住半年以上的户籍及非户籍居民）。而据2022年一项10067例居民调查问卷（浙江省3971例、山西省4042例、重庆市2054例）显示，9119人自述已建立健康档案，建档率为90.58%（姜中石等，2022）。虽然相较过去有了大幅提升，但仍未实现全覆盖，且未建档居民多为流动人口。

二是流动人口健康管理服务利用率较低。流动人口因为其自身流动性强的特点，成为落实各项服务的困难人群，在慢性病健康管理服务利用中处于弱势地位，全国流动人口慢性病患者的健康管理服务利用率，远低于国家基本公共卫生服务目标，其中尤以东三省最低（何元卓等，2021）。

3."城乡居民基本医疗保险"无法享有

一是一些城市的医疗参保政策有缺位。重庆市的医疗保险分成城镇职工、农民工、城乡居民三个维度来设计，但是农民工只有大病医疗保险。北上广深4个一线城市和长三角、珠三角5个中心城市都没有出台面向持有居住证人口的医疗参保政策（张展新，2021）。其中，上海和南京的现行政策涉及居住证持有人的直系亲属参保，但未提及居住证持有人本人；除上海和南京外，其他7个城市没有任何有关居住证持有人本人或家属的参保条款（见表2-3）。

表2-3 9个城市居民医保的居住证相关参保政策

城市	涉及居住证持有人的参保政策	依据文件
北京	（无）	《北京市城乡居民基本医疗保险办法实施细则》（2017）
上海	本市居住证持有人积分达到标准分值的，其18周岁以下同住子女、18至20周岁中学生、无医疗保障配偶	《上海市城乡居民基本医疗保险办法实施细则》（2015）
广州	（无）	《广州市城乡居民社会医疗保险办法》（2017）
深圳	（无）	《深圳市社会医疗保险办法》（2013）
南京	持本市居住证参加本市职工医保人员的18周岁以下未成年子女	《南京市城乡居民基本医疗保险办法》（2018）
苏州	（无）	《苏州市社会基本医疗保险管理办法》（2016）
杭州	（无）	《杭州市基本医疗保障办法市区实施细则》（2017）
宁波	（无）	《宁波市城乡居民基本医疗保险办法》（2015）
东莞	（无）	《东莞市社会医疗保险办法》（2018）

资料来源：北大法宝法律数据库。

二是覆盖对象有遗漏。职工医保参保主体是企业在职职工和退休人员，居民医保覆盖职工医保参保人员之外的各类人员，包括成年人、儿童和中小学生以及大学生，两者覆盖对象看似泾渭分明，但实际上存在一个模糊地带，即非正规方式就业的灵活就业人员在哪里参保。根据有关规定，灵活就业人员应依法参加职工基本医疗保险，"有困难的可按照当地规定参加城乡居民医保"，这意味着，灵活就业人员可以参加职工医保，也可以参加居民医保。但是，这一规则只适用于城市本地户籍灵活就业人员。由于地方参保政策的本地户籍身份限制，非户籍所在地就业的灵活就业人员难以参加职工医保，也难以参加居民医保（钱雪亚、宋文娟，2020）。目前，大量未与用人单位形成稳定劳动关系或者灵活就业的流动人口没有纳入城镇职工医疗保险参保范围，许多农民工在流入地没有享受到基本医疗服务，这也是流动人口基本医疗保险参保率较低的重要原因。

三是跨省异地就医不便捷。首先，跨省异地就医直接结算仅局限于住院费用，门诊大病医保、门诊特殊疾病保险等补充医疗保险无法享受联网即时结算，导致患者不得不回到参保地办理。其次，跨省异地就医结算手续较为复杂、政策缺乏统一性，导致一些流动人口报销成功率不高。再次，跨省异地医疗报销范围较窄，部分地区要求在异地定点医院就医，且异地医疗费用报销比例低于本地就医，加大了异地就医人员的负担。最后，各省医保目录范围差异较大，按照"就医地目录"政策，可能造成部分就医费用不能报销（欧阳慧、李智，2021）。

（五）常住地提供"老有所养"服务现状

《国家基本公共服务标准（2021年版）》中的"老有所养"包括4项服务（养老助老服务2项、养老保险服务2项），其中，"老年人福利补贴"只面向户籍人口，"城乡居民基本养老保险"服务供给有瑕疵，其余 2 项可在常住地正常享有。

1. 基本养老服务体系不断完善

一是老年健康管理水平提升。各地以 65 岁及以上老年人健康体检为抓手，规范开展老年人健康管理，统筹日常诊疗和老年人健康体检工作，通过移动体检车、组织老年人集中到基层医疗卫生机构、定期设立老年人体检日等形式，方便老年人接受健康体检服务，并通过信息提示、电子健康档案查询、提供纸质体检报告等多种形式告知体检结果，做好个性化健康教育和指导。

二是养老服务形式日趋丰富。居家社区机构相协调、医养康养相结合的养老服务体系初步建立，全社会养老床位数达 813.5 万张，服务供给形式涵盖社区居家照护服务、机构照护服务、养老服务补贴和老年综合津贴等多方面。具体来看，社区居家养老服务已从养老基本公共服务建立之初的仅有助餐、助医等内容，发展到有生活护理、助餐、助洁、助急、助浴、助行、助医、康复辅导等内容，并设立了菜单式、组合式的为老服务内容。机构照护提供以生活照护为主，医疗护理服务为辅的机构照护服务。养老服务补贴方面则根据各地不同标准认定经济困难程度，给予全额或部分补贴，用于支付社区居家养老服务或机构养老服务费用。此外，上海等地还提供涵盖高龄营养、交通出行等需求的老年综合津贴，为高龄老人提供包括医疗咨询、健康讲座、美食大赛、做健康操等多种形式的家庭互助服务，为困难老年人提供家庭居住环境的适老改造服务等。

三是养老保险制度改革不断深化。党的十八大以来，以促进社会公平正义、增进人民福祉为出发点和落脚点，我国不断健全和完善养老保障制度体系，主要表现在以下几个方面：（1）推进机关事业单位养老保险制度改革取得重大突破。2015年发布的《国务院关于机关事业单位工作人员养老保险制度改革的决定》，在全国范围内推行机关事业单位养老保险制度改革，实行与企业职工统一的城镇职工基本养老保险制度，有力地促进养老保险制度方面逐步实现社会公平，具有重大的历史性意义。（2）建立统一的城乡居民基本养老保险制度，从制度上消除城乡差别，有利于促进社会公平。（3）在建立企业职工基本养老保险基金中央调剂制度的基础上，从2022年1月起实现企业职工基本养老保险全国统筹。（4）完善退休人员养老金待遇调整机制，连续18年提高退休人员养老金水平，其中企业退休人员人均养老金水平超过3000元。（5）制定并实施基本养老保险基金投资运营办法，为数以万亿计的基本养老保险基金开辟了市场化投资运营的渠道，有利于实现保值增值目标。（6）在开展税收递延型商业养老保险试点的基础上，制定推动个人养老金发展的指导文件，在"三支柱"养老保障体系建设方面取得重大突破，促进了多层次养老保障体系建设与发展。目前，我国已经建成世界上最庞大的养老保障体系，2021年，基本养老保险参保人数达10.29亿人，参保率超过91%，基本养老保险基金累计结存超6万亿元，企业年金和职业年金累计结存达4.5万亿元，各类商业养老保险（年金）保费收入总额也超过1万亿元。

2. 非户籍无法享有"老年人福利补贴"

目前，老年人福利补贴主要包括4个方面：一是为65岁以上老年人提供能力综合评估；二是为经济困难老年人提供养老服务补贴；三是为经认定生活不能自理的经济困难老年人提供护理补贴；四是为80岁以上老年人发放高龄津贴。截至2020年底，全国共有3000多万老年人享受了福利补贴、护理补贴和高龄津贴。但是，该项服务只面向本地户籍人口中的老年人，非户籍人口无法享有。

3."城乡居民基本养老保险"服务有瑕疵

一是城乡身份影响养老保险缴费。在很多城市，户籍人口和非户籍人口虽然都可以缴纳城乡居民基本养老保险，但是在缴费比例、跨域流转、享受待遇等方面依然存在较大差异（钱雪亚等，2021）。例如，在宁波市，相对于户籍人口而言，流动人口获得的政府补贴较少。在广东省，流动人口参保险种与城镇职工相同，涵盖工伤、养老、医疗和失业保险等，但是在缴费率、缴费基数和待遇上都有所不同。

二是费率偏高导致流动人口参保积极性不高。由于流动人口工资收入普遍较低，维持城市生活已经捉襟见肘，经济上不太能承受保费负担，也有些农民工主观上对养老保险认识不足，怀有余钱入袋为安的心理，不太考虑将来的养老问题，因此主动参加养老保险的人不多。

三是转移接续不畅导致农民工无奈退保。目前，我国养老保险中，账户个人资金已经实现跨地区转移，但统筹账户资金不能跨地区转移。而且，养老保险具有累计缴费15年的最低缴纳年限，如因缴纳年限不足而迁移至其他地区，只能带走个人缴费部分，无法享受社会统筹部分的权益。因此，工作不稳定、流动性较高的农民工通常选择不参保或参保后又无奈退保（林怡婧，2018）。

（六）常住地提供"住有所居"服务现状

《国家基本公共服务标准（2021年版）》中的"住有所居"包括3项服务（公租房保障、城镇棚户区住房改造、农村危房改造）。其中，常住地在提供"公租房保障"服务方面存在瑕疵。

一是住房保障政策申请门槛高、覆盖面小。虽然农民工被纳入到住房保障范围内，但相比于本地户籍低收入群体，农民工在申请保障性住房时面临较高门槛，除满足住房情况和家庭财产收入等条件外，还需要满足本地居住年限、缴纳社会保险年限、稳定收入来源等要求，导致流动性较大、收入不稳定的农民工被排斥在住房保障之外（欧阳慧，李智，2021）。根据《2018年农民工监测调查报告》，只有2.9%的进城农民工家庭享受保障性住房，其中，租赁公租房和自购保障性住房的比例分别为1.3%和1.6%。

二是保障性住房供给不足。目前，面向农民工的保障性住房供给缺口依然较大。例如，按照住建部保障性住房城镇常住人口覆盖率5%的规划目标，湖南省2019年公租房缺口约为74万套。显然，大量流动人口依然被排斥在城镇住房保障体系之外，亟待制定农民工住房保障专项计划，扩大公共租赁住房定向供应农民工比例。

（七）常住地提供"弱有所扶"服务现状

《国家基本公共服务标准（2021年版）》中涉及"弱有所扶"的共有14项服务（社会救助服务5项、公共法律服务1项、扶残助残服务8项），其中，"最低生活保障""特困人员救助供养""困难残疾人生活补贴和重度残疾人护理补贴""无业重度残疾人最低生活保障"等4项服务只面向户籍人口，"医疗救助"服务属于有瑕疵提供。

1. 社会救助体系不断完善

近年来，我国加强对脱贫不稳定户、边缘易致贫户和突发严重困难户的监测帮扶，建立低收入人口动态监测机制，推进分层分类的社会救助体系建设，将240万人纳入低保或特困供养范围，及时给予基

健全常住地提供基本公共服务制度研究

本生活救助、专项救助或急难社会救助。进一步健全社会救助和保障标准与物价上涨挂钩联动机制，扩大价格临时补贴发放范围。加强防灾减灾救灾工作，妥善安置受灾群众，支持河南郑州等地特大暴雨洪涝灾害灾后恢复重建。健全残疾人两项补贴标准动态调整机制，残疾人就业服务能力有效提升。2021年，我国每百户居民拥有城乡社会综合服务设施面积31.11平方米。

2. 四项服务非户籍人口不能享有

我国目前城市居民的社会救助体系已趋于完善，但由于社会救助制度严重依附于户籍，为流动人口获取社会救助造成了极大的障碍。如，2014年5月由国务院发布的《社会救助暂行办法》规定，最低生活保障和特困人员救助供养必须由申请者向"户籍所在地的乡镇人民政府、街道办事处提出书面申请"。同时，"困难残疾人生活补贴和重度残疾人护理补贴"服务对象的前者是最低生活保障家庭中的残疾人，后者是需长期照护的重度残疾人，"无业重度残疾人最低生活保障"服务是对符合条件的救助人员纳入最低生活保障范围，均面向户籍人口，非户籍人口无法享有。

3. "医疗救助"服务属于有瑕疵提供

目前，医疗救助包括城乡医疗救助和疾病应急救助两类服务。其中，疾病应急救助面向所有常住人口，不区分户籍与非户籍。但是，按照2015年印发的《国务院办公厅转发民政部等部门关于进一步完善医疗救助制度全面开展重特大疾病医疗救助工作意见的通知》规定，最低生活保障家庭成员和特困供养人员是医疗救助的重点救助对象，逐步将低收入家庭的老年人、未成年人、重度残疾人和重病患者等困难群众，以及县级以上人民政府规定的其他特殊困难人员纳入救助范

- 80 -

围。换言之，非户籍人口基本被排斥在此项服务范围之外。因此，医疗救助服务属于常住地有瑕疵提供。

（八）常住地提供"优军优抚"服务现状

《国家基本公共服务标准（2021 年版）》中涉及"优军优抚"的共有 4 项服务。按照《军人抚恤优待条例》《退役士兵安置条例》《光荣院管理办法》等规定，"优待抚恤""退役军人安置""退役军人就业创业服务"属于有瑕疵提供，由兵源地或安置地的县级以上地方人民政府退役军人事务部门负责，"特殊群体集中供养"服务与户籍紧密关联，不属于常住地提供的公共服务。

（九）常住地提供"文化体育保障"现状

《国家基本公共服务标准（2021 年版）》中涉及"文化体育保障"的共有 9 项服务（公共文化服务 7 项、公共体育服务 2 项），均可由常住地提供。

1. 公共文化服务体系逐步形成

"十三五"以来，现代公共文化服务体系"四梁八柱"的制度框架基本建立，公共文化服务法治建设取得突破性进展，体制机制改革不断深化，基本公共文化服务标准化均等化建设全面推进，覆盖城乡的公共文化设施网络更加健全，优质公共文化产品和服务日趋丰富，服务能力和水平明显提高，公共文化事业经费保障能力稳步提升，高素质专业化人才队伍不断壮大，公共文化服务在推动文化治理体系和治理能力现代化，保障人民基本文化权益，满足人民日益增长的美好生活需要，促进城乡经济社会协调发展等方面发挥了重要作用。

"十三五"期间，共有 31 个省（区、市）制定了具体实施标准，333 个地市、2846 个县出台了基本公共文化服务目录，明确了基本公共文化服务的服务项目、数量指标、质量标准和支出责任，出台了一系列符合当地实际、具有创新性的地方标准。

2. 公共体育服务体系不断完善

拓展全民健身新空间，推动有条件的公共体育设施免费或低收费开放共享，2021 年，我国人均体育场地面积达到 2.41 平方米。深入实施全民健身设施补短板工程，免费提供公共场所全民健身器材，提供科学健身指导和服务，2021 年我国每千人拥有社会体育指导员数超过 1.86 名，经常参加体育锻炼人数比例达到 37.2%。

（执笔人：王明姬）

参考资料目录：

[1] 崔玥，王晓芬. 学前流动儿童入园难问题探讨 [J]. 教育评论，2019（09）：35-38.

[2] 韩嘉玲. 新型城镇化背景下我国流动儿童教育的新挑战 [J]. 教育家，2021（01）：13-15.

[3] 何元卓，时宏，何南芙，李相荣，任正，范馨文，郭霞，查双，乔舒茵，赵晗方，张秀敏. 东三省中老年流动人口慢性病患者健康管理服务利用及影响因素 [J]. 中国老年学杂志，2021（03）：1330-1332.

[4] 林怡婧. 包容性发展视角下农民工社会保险供给问题探析 [J]. 武汉冶金管理干部学院学报，2018（03）：3-6.

[5] 刘济源. 新型城镇化进程中农业转移人口公共就业服务改进研究 [D]. 郑州大学，2018.

［6］姜中石，尤莉莉，杨思琪，樊子暄，刘远立．我国居民健康档案的建立及利用情况：基于东中西三省份的需方调查［J］.中国全科医学，2022（05）：1539-1544.

［7］欧阳慧，李智．迈向2035年的我国户籍制度改革研究［J］.经济纵横，2021（9）：25-33.

［8］钱雪亚，宋文娟．城市基本公共服务面向农民工开放度测量研究［J］.统计研究，2020（03）：54-63.

［9］钱雪亚，胡琼，宋文娟．农民工享有的城市基本公共服务水平研究［J］.调研世界，2021（05）：79-91.

［10］宋福荣．城市流动人口与户籍人口基本公共服务均等化的途径［J］.法制与社会，2019（07）：125-126.

［11］王明荣，王山慧，廖绍云．城镇化背景下常住人口与户籍人口的社会保障制度比较：以宁波市为例［J］.中国人事科学，2021（02）：80-92.

［12］张晓楠，韩建．新形势下流动人员人事档案管理研究［J］.山东档案，2018（01）：25-27.

［13］张展新．持有居住证人口参加城乡居民基本医疗保险：大城市政策差异与"积极省会"解释［J］.社会保障评论，2021（02）：81-92.

常住地提供基本公共服务的城市差异与对策研究

内容提要：健全常住地提供基本公共服务制度是提高基本公共服务均等化水平，实现共同富裕的重要路径。当前，不同城市间基本公共服务对外来人口覆盖情况存在显著差异。由于不同城市政府财政资源获取能力不同，面临的人口流入总量和结构不同，因而保障常住人口基本公共服务的压力、难度和能力存在明显差异，需要分城市类型差异化推进常住地提供基本公共服务改革。基于"供给压力＋供给能力"的城市类型划分总体思路，将84个主要人口流入城市划分为四类城市，研究提出四类城市推进基本公共服务常住人口全覆盖的政策重点和推进时序安排。

健全常住地提供基本公共服务制度是提高基本公共服务均等化水平的重要路径。然而，目前我国城市发展水平、经济和人口承载能力差异显著，人口流动呈现集中化态势，不同城市推进基本公共服务常住人口全覆盖的压力、难度和能力显著不同，需要进一步科学分类，精细化制定差异化的常住地提供基本公共服务政策举措。

一、分城市类型差异化推进常住地提供基本公共服务的必要性

（一）整体情况看，不同城市间基本公共服务对外来人口覆盖情况差异显著，超大、特大城市和外来人口集聚城市的公共服务对农民工等外来人口覆盖程度依然较低

经过多年的改革与发展，我国的城乡二元结构已经发生了根本性的变化，由过去的剥夺性结构转变为保护性结构（贺雪峰，2014）。改革开放后，不同区域之间的经济社会发展差距持续拉大，区域间以公共服务为核心的户籍福利含金量差距持续扩大。经济发达地区所能提供的教育、医疗、社会保障等公共服务水平较高，其城镇户籍的"含金量"就更大，而欠发达地区公共服务水平明显偏低，区域之间的户籍"含金量"差距逐渐超过了城乡户籍间的差距（欧阳慧、邹一南，2017）。以农民工为例，近年来随着农民工市民化各项政策推进，农民工享受务工城市公共服务的障碍不断被打通，如农民工城镇职工基本养老保险关系转移接续问题得以解决、不少城市农民工已可凭居住证参加务工地城乡居民基本医疗保险等。然而，不同城市间存在显著的差异，超大、特大城市和外来人口集聚城市的公共服务对农民工的覆盖程度依然较低。

一是一些领域基本公共服务对农民工覆盖程度仍然不高。总体来看，公共服务维度的农民工市民化政策推进效果未达预期，农民工享受务工城市公共服务的范围和程度仍然不足，而且在一些领域还出现农民工公共服务覆盖提升速度趋缓的势头。例如，义务教育方面，农

民工义务教育阶段子女实现随父母进城就读比例仍然不高，由于城镇公办学位不足、家庭经济难以负担和农民工无暇照顾子女等原因，能够实现随迁就读的农民工子女仍然是少数。2017 年全国义务教育阶段进城务工人员随迁子女数量突破 1400 万人，此后增长速度趋缓，至 2020 年仅为 1429.73 万人。以 2015 年全国教育事业发展统计公报公布的数字为基础、根据每年随迁儿童数量变化情况进行推算，义务教育阶段农民工子女中留守儿童数量仍然多于随迁儿童数量，仍有约 57% 的外出农民工家庭为成员分离和儿童留守状态。社会保险领域，农民工参加城镇职工社会保险的比例仍然较低。截至 2019 年末，农民工参加城镇职工养老、医疗、工伤和失业四大保险的参保率分别为 21.17%、16.56%、29.63% 和 17.05%，平均参保率只有 20% 左右，仍然处于相当低的水平。

二是超大特大城市和"人口倒挂"城市基本公共服务对非户籍常住人口覆盖程度较低。以农民工为例，全国城市公共服务对农民工的覆盖程度总体不均，呈现城市规模越小、行政级别越低、农民工流动半径越小，农民工享受城市公共服务的水平就越高。农民工享受城镇公共服务水平最高的是县域内流动的农民工，城乡户籍统一登记后县域内流动不存在户籍限制，也几乎没有社保制度、社会文化等层面的障碍，在县城务工的农民工与县城原住城镇居民在各类基本公共服务享受上的差异较小。农民工流动半径越大、务工城市的人口规模越大、外来人口占比越高，则农民工享受城市公共服务存在的困难和障碍就越多，尤其在超大、特大城市和"人口倒挂"城市。随迁子女义务教育方面，在珠三角、长三角地区的不少发达城市，农民工随迁子女公办学校就读的比例仍相当低，比如广东一些工业发达城镇农民工随迁子女公办学校就读的比例尚不足 30%。在一些超大、特大城市，尽管农民工随迁子女公办学校就读比例达到了 80% 以上，但却是以关停民办农民工子弟学校为代价，大量农民工子女被迫回原籍地就读，农民工适龄子女随迁比例显著低于其他城市。与中小城市相比，人口 500 万以上城市农民工子女具有"随迁率低、留守率高"的特征，且由于子女入学困难，家属随迁人数呈下降趋势。住房保障方面，城市人口规模越大农民工居住保障水平越低。2020 年城区人口 500 万以上城市的农民工人均居住面积只有 16.5 平方米，明显低于其他城市。

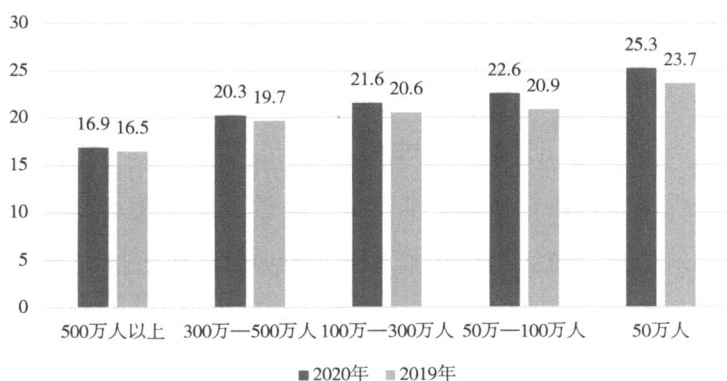

图 3-1　不同人口规模城市农民工人均居住面积

数据来源：2020 年农民工监测调查报告。

（二）供给角度看，基本公共服务供给责任呈现高度地方化特点，不同地区保障常住人口基本公共服务的能力不同

一是公共服务供给责任的高度地方化，加大了跨地区，特别是跨省流动人口基本公共服务保障难度。当前，我国政府间事权不是按照公共产品的覆盖范围，而是按照行政隶属关系或属地化原则来划分

的（乔俊峰，2015）。我国分税制改革以来，地方政府用于医疗、教育、社会保障等方面的支出，几乎占到总支出的90%以上（乔俊峰，2015）。公共服务责任的高度地方化，强化了跨地区，特别是跨省流动人口基本公共服务保障难度。特别是人口流入较大的地区，迫于财政压力，流入人口的公共服务面临"两不管"的尴尬境地，即：流入地和流出地都不负责其公共服务的供给。在现行制度机制下，流动人口基本公共服务均等化进程中存在三重困境，具体包括中央政府和地方政府博弈的"纵向协同"困境，流动人口、流出地政府和流入地政府博弈"横向协同"困境，以及地方政府和社会力量博弈的"内外协同"困境，三重困境彼此交织叠加，导致流动人口基本公共服务协同供给难以推进（王洛忠、孙枭坤，2021）。

二是保障非户籍常住人口享有常住地基本公共服务的核心难点在于成本，城市人口流入越多，基本公共服务保障压力越大。在人口跨区域转移相当普遍的情况下，城市公共服务的供给和需求必然存在错配，人口净流入城市面临着一定的财政溢出效应（傅勇，2010），加之我国政府间事权划分缺乏硬性法律约束（刘大帅、宋羽，2014；甘行琼等，2015），现行转移支付制度对人口流动的因素考虑不够，降低了协同供给的效果。城市人口净流入越多，其面临的基本公共服务保障压力越大。乔俊峰发现，劳动力流入的广州、深圳、苏州和宁波四市，如果将常住人口一律接纳为户籍人口平等供给基本公共服务，其户籍人口享有的人均财政支出水平就会下降60%。

三是地方政府财政资源获取能力不同，城市保障常住人口基本公共服务的能力差别显著。地方政府财政资源的获取能力，是决定不同地区保障非户籍人口基本公共服务能力的核心因素。城市财政资源的获取方式主要有自我融资和再分配两种途径，其中，资源再分配能力主要取决于城市的行政级别，行政级别越高的城市资源再分配能力越强，这与计划经济体制遗留下来的资源配置方式有关；自我融资能力取决于城市所处地区的经济发达程度，经济越发达的地区，税基越丰富，城市自我融资的能力就越强（蔡昉、都阳，2003）。因此，经济发达地区的城市自身具有较强的融资能力，使其在一定程度上具备更强的公共服务支出能力；行政级别较高的城市具有更强的社会资源再分配能力，能够利用城市之间地位的不平等从所在区划内的其他低级别城市那里汲取经济资源（Henderson，2003；王垚等，2015），也能够利用中央政府的"偏爱"获得更大的财政支持力度（Davis & Henderson，2003；才国伟等，2011），从而可以在很大程度上承担非户籍人口所需的公共支出。

表 3-1　城市财政资源获取能力分类

		自我融资能力	
		强	弱
资源再分配能力	强	发达地区高行政级别城市。如，北京、天津、上海、南京、杭州、宁波、福州、厦门、广州、深圳等	欠发达地区高行政级别城市。如，石家庄、太原、呼和浩特、沈阳、大连、长春、哈尔滨、合肥、南昌、济南、青岛、郑州、武汉、长沙、南宁、海口、重庆、成都、西安、贵阳、昆明、兰州、银川、西宁、乌鲁木齐等
	弱	发达地区低行政级别城市。如，苏州、无锡、常州、镇江、南通、温州、嘉兴、绍兴、金华、台州、湖州、舟山、漳州、莆田、泉州、汕头、佛山、东莞、珠海、江门、惠州、中山等	其它欠发达地区低行政级别城市

（三）需求角度看，流动人口空间分布呈现持续集中态势，不同地区保障常住人口基本公共服务的压力不同

一是流动人口进一步向沿海重点地区集聚，非户籍人口基本公共服务保障压力持续加大。第七次人口普查显示，省际流动人口向东南沿海省份高度聚集，其中每 2 个跨省流动人口聚集在粤浙苏沪 4 省（市）（陆杰华、林嘉琪，2021）。同时，王桂新（2021）发现，内蒙古、吉林、浙江、福建、广东、宁夏、新疆等省区总人口流入率较高，其中，市场经济活跃、经济发达的浙江、广东、福建等省份，以跨省流入人口为主；内蒙古等面积广阔的边疆省区和经济欠发达的吉林、宁夏大都以省内人口流动为主。城市群层面，2011—2017 年京津冀、长三角、珠三角等沿海三大城市群是主要迁入地，形成规模较大的人口迁移热点地区，内陆城市群的人口吸引力主要集中在省会城市，仅成渝地区形成小范围的迁入高值区，长江中游和东北地区净迁出最多（刘涛等，2021）。

二是部分中西部地区呈现流动人口回流态势，基本公共服务保障压力显著提升。第七次人口普查显示，中西部部分省份的吸引力也有所提。2020 年，中部地区和西部地区分别吸纳省际流动人口 955 万人和 1880 万人，占全国省际流动人口比重为 7.65% 和 15.06%，分别上升 3% 和 5.5%；其中湖北、重庆、四川、新疆省际流动人口增量都达到 120 万人以上，增量占比在 3% 以上，总量占比增幅都在 0.5% 以上升（陆杰华、林嘉琪，2021）。

三是各地省内与省际流动构成差异明显，跨省迁移人口较多地区基本公共服务保障压力较大。2010—2020 年，全国省际流动人口和省内流动人口分别增长 45.37% 和 85.7%，省级层面，除四川、湖北、山东、陕西、辽宁、海南之外，大部分省份的省内流动人口相对比重都呈上升趋势（陆杰华、林嘉琪，2021）。由于我国绝大多数的公共服务和社会福利都还未能实现全国统筹，跨省迁移到城市的非户籍人口的基本公共服务成本都要由流入地承担，跨省迁移的非户籍人口基本公共服务供求错配程度最高，因此非户籍人口中跨省迁移人口较多的城市面临基本公共服务保障压力最大（邹一南，2019）。

四是城市人口集聚加速分化，快速成长型城市基本公共服务保障压力持续加大。"强者恒强、弱者恒弱"的城市人口分布格局更加固化，流动人口在城市尺度上的分布仍然具有很高的集中度。如，深圳、上海、广州、成都、北京 5 市流动人口合计占全国流动人口的 13.08%，绝大部分省会城市吸纳本省流动人口占比在 10% 到 25% 之间，武汉占比达 30%，长春、成都、西安、西宁占比则都在 40% 以上（陆杰华、林嘉琪，2021）。作为人口聚集高地的快速成长型城市，保障大规模流动人口住房及其他各类公共服务，以及防治交通拥堵、过剩通勤等"城市病"的压力不断加大。

二、常住地提供基本公共服务的城市类型划分总体思路

（一）单纯按城市规模分类推进基本公共服务常住人口全覆盖存在诸多局限

一是相同规模等级的城市，非户籍人口数量和占比可能相差很

大，保障非户籍常住人口基本公共服务的压力不同。如，在超大城市中，北京、上海、深圳、广州常住非户籍人口规模分别达到 792 万人、1019 万人、1212 万人和 920 万人，占比分别达到 36.2%、41%、68.7% 和 49.1%，而重庆非户籍常住人口少于户籍人口，天津非户籍常住人口为 279 万人，占比仅为 20%；在特大城市中，佛山和东莞非户籍常住人口分别达到 491 万人和 797 万人，占比分别为 51.6% 和 76%，而同为特大城市，哈尔滨常住非户籍人口仅为 50 万人左右，占比仅为 5%。因此，对于同一规模等级城市，由于非户籍常住人口规模差异较大，面临的常住人口基本公共服务保障压力存在显著不同。

二是相同规模等级的城市，跨省流动人口规模和占比可能相差很大，保障非户籍常住人口基本公共服务的难度不同。超大城市中，北京、上海、深圳跨省流动人口规模超过千万，占流动人口规模比重分别达到 66%、71% 和 65.9%，而重庆、成都跨省流动人口规模分别为 202 万人和 135.7 万人，占比分别达到 18.9% 和 15.4%；特大城市中，东莞流动人口规模达到 976.7 万人，占比达到 79%，而郑州、哈尔滨跨省流动人口规模不及 50 万，占比分别仅为 10.1% 和 12.4%。因此，对于同一规模等级城市，由于跨省流动人口比重不同，面临的常住人口基本公共服务保障难度可能显著不同。

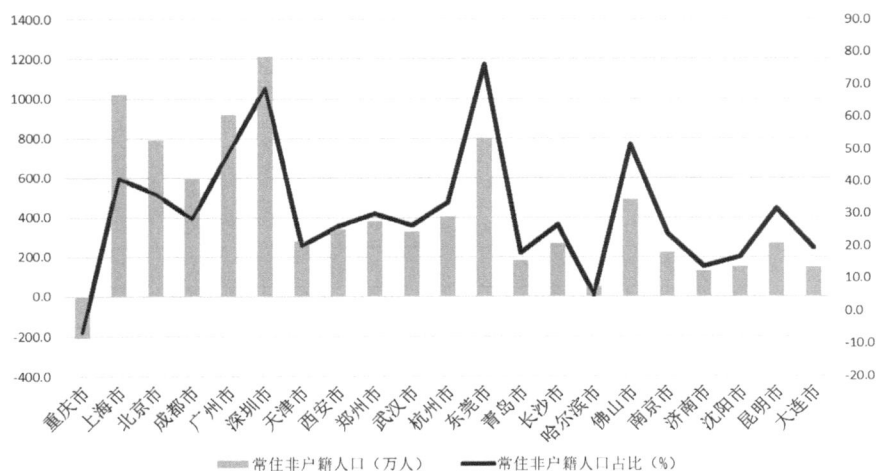

图 3-2　超大特大城市非户籍常住人口规模和占比（2020 年）

数据来源：第七次全国人口普查资料、2021 年全国城市统计年鉴。

表 3-2　超大特大城市跨省流动人口规模及占比

城市		跨省流动人口规模（万人）	跨省流动人口占流动人口总量比重（%）
超大城市	重庆市	202.0	18.9
	上海市	1478.2	71.0
	北京市	1191.3	66.0
	成都市	135.7	15.4
	广州市	497.2	46.1
	深圳市	1101.4	65.9
	天津市	583.2	66.4
特大城市	西安市	141.4	26.0
	郑州市	48.7	10.1
	武汉市	179.4	18.9
	杭州市	277.5	49.4
	东莞市	976.7	79.0
	青岛市	76.3	21.1

续表

城市		跨省流动人口规模（万人）	跨省流动人口占流动人口总量比重（%）
特大城市	长沙市	72.9	15.2
	哈尔滨市	31.4	12.4
	佛山市	445.5	63.7
	南京市	156.5	35.0
	济南市	60.1	16.9
	沈阳市	59.5	16.6
	昆明市	114.5	27.3
	大连市	115.6	32.6

数据来源：2015 年全国 1% 人口抽样调查资料。

三是相同规模等级的城市，地方政府财政获取能力和压力不同，保障非户籍常住人口基本公共服务的能力不同。超大城市中，北京、上海、深圳、成都财政自给能力较强，分别达到 77.1%、87%、92.3%、70.4%，而重庆、广州、天津财政自给能力相对较弱，分别仅为 42.8%、58.3% 和 61%；特大城市中，杭州、南京财政自给能力分别达到 101% 和 93.3%，而西安、哈尔滨分别仅为 53.7% 和 29.2%。因此，对于同一规模等级城市，由于财政收支压力和财政资源获取能力不同，保障常住人口基本公共服务的能力可能显著不同。

表 3-3　2020 年超大特大城市财政自给率

城市		财政自给率（%）
超大城市	重庆市	42.8
	上海市	87.0
	北京市	77.1
	成都市	70.4
	广州市	58.3
	深圳市	92.3
	天津市	61.0

续表

城市		财政自给率（%）
特大城市	西安市	53.7
	郑州市	73.2
	武汉市	51.1
	杭州市	101.1
	东莞市	82.7
	青岛市	79.1
	长沙市	73.3
	哈尔滨市	29.2
	佛山市	75.1
	南京市	93.3
	济南市	70.3
	沈阳市	68.5
	昆明市	74.3
	大连市	70.1

数据来源：2020 年中国城市统计年鉴。

（二）基于"供给压力＋供给能力"的城市类型划分总体思路

推进常住地提供基本公共服务需要充分考虑城市政府的供给压力和供给能力。其中，城市政府面临的压力主要取决于该城市非户籍常住人口的规模和跨省流动人口的比例。第一，非户籍常住人口规模越大则城市推进常住地提供基本公共服务的压力越大，这是由于每一个常住人口都将给城市增加一定的公共支出成本，所以非户籍常住人口数量多的城市面临着更大的保障压力。第二，跨省流动人口比例越高的城市，人口流入地压力也越大，这是因为我国现行财政制度对各级政府的财权事权划分还未能匹配，转移支付制度尚不够科学合理，公共服务和社会保障资金的统筹层次还不高，城市保障跨省流动人口基本公共服务的统筹难度和成本高于省内流动人口。

城市政府推进常住地提供基本公共服务的能力主要取决于地方政府财力，具体表现为地方政府的本地财政自给能力。本地财政自给能力越强，表明地方政府资源再分配和自我融资的能力越强，推进常住地提供基本公共服务的能力和意愿越强，需要上级政府转移支付等支持的力度越小。

根据以上分析，推进常住地提供基本公共服务的城市类型划分的基本思路为：在顺应人口流动规律和趋势的基础上，充分考虑城市经济和人口承载能力，以非户籍常住人口的规模和跨省流动人口比重衡量"城市供给压力"，以本地财政自给能力衡量"城市供给能力"，以"压力 + 能力"为主要依据，明确我国推进常住地提供基本公共服务的城市类型划分，为构建常住地提供基本公共服务的推进时序和差异化政策体系提供依据。

三、常住地提供基本公共服务的城市类型划分方法与方案

（一）划分方法

根据城市非户籍人口集聚程度、跨省流动人口集聚程度、城市本地财政自给能力等三个因素，以 297 个地级及以上城市为基本空间单元，对推进常住地提供基本公共服务的城市类型进行划分。具体划分步骤如下：

第一步，在 297 个地级及以上城市中筛选出非户籍常住人口重点

集聚城市和其他人口净流入城市。2020年，共计有84个城市常住人口数量高于户籍人口，呈现人口净流入。其中非户籍常住人口最多的39个城市，常住人口高于户籍人口100万人以上，非户籍常住人口合计占297个城市的90%，是非户籍常住人口重点集聚城市。其余44个城市非户籍常住人口合计占比10%，人口流入压力相对较小，推进常住地提供基本公共服务难度较低。

第二步，在非户籍常住人口重点集聚城市中，进一步筛选出跨省流动人口集聚城市和省内流动人口集聚城市。根据2015年全国1%人口抽样调查，跨省流动人口集聚城市指跨省流动人口占流动人口总量比重超过50%的非户籍常住人口重点集聚城市，共计16个；省内流动人口集聚城市指省内流动人口占比超过50%的非户籍常住人口重点集聚城市，共计23个。这一划分将不同迁移距离的流动人口区分开来。由于涉及福利统筹分权化条件下公共支出的溢出效应，跨省流动人口较多的城市，推进常住地提供基本公共服务的难度较大，而省内流动人口聚集城市，实现常住地提供基本公共服务的难度（压力）相对较小。

第三，根据城市本地财政自给能力，进一步划分出推进常住地提供基本公共服务能力强弱城市。能力较强的城市指本地财政自给率（城市一般公共预算收入与一般公共预算支出之比）高于70%，本地保障常住人口基本公共服务能力较强的城市，主要包含30个人口净流入城市，其中，跨省流动人口集聚城市10个、省内流动人口集聚城市13个、其他人口净流入城市7个。其余城市的本地财政自给率低于70%，面临较大的财政支出压力，特别是净流入人口规模较大、层级较低、统筹资源能力有限的城市，保障非户籍常住人口基本公共服务的财政支出压力较大。

第四，根据人口流动规律和趋势，进一步修正城市类型划分。目前，经济和人口向大城市及城市群集聚的趋势比较明显，正在成为承载发展要素的主要空间形式和带动全国高质量发展的动力源和增长极。省会城市和直辖市是全国或一省的中心城市，未来进一步集聚要素的趋势。据此，对城市类型划分做以下调整：一是将重庆补充至省内流动人口集聚城市（重庆跨省流动人口比例仅为18.9%，本地财政自给率为42.8%）；二是将南昌、石家庄、呼和浩特、银川、南宁、西宁、拉萨、哈尔滨等省会城市由"其他人口净流入城市"调整至"省内流动人口集聚城市"。

（二）划分方案

按照非户籍人口集聚程度、跨省流动人口集聚程度、城市本地财政自给能力，将84个人口流入城市划分为四类。

表3-4　主要人口流入城市类型划分

城市类型		城市
非户籍常住人口重点集聚城市	跨省流动人口集聚城市	I类城市（4个） 北京市***、上海市***、广州市***、深圳市***
		II类城市 财政保障能力较强城市（7个）： 宁波市*、东莞市**、中山市、佛山市**、苏州市*、无锡市、嘉兴市 财政保障能力较弱城市（6个）： 天津市***、惠州市、珠海市、泉州市、金华市、温州市
	省内流动人口集聚城市	III类城市 财政保障能力较强城市（13个）： 杭州市**、南京市**、成都市***、济南市**、厦门市*、青岛市**、大连市**、昆明市**、长沙市**、郑州市**、乌鲁木齐市*、福州市*、常州市 财政保障能力较弱城市（18个）： 重庆市***、西安市**、武汉市**、沈阳市**、长春市*、哈尔滨市**、合肥市*、海口市、贵阳市、太原市*、兰州市*、南昌市*、石家庄市*、呼和浩特市、银川市、南宁市*、西宁市*、拉萨市

城市类型	城市
其他人口净流入城市	IV 类（36 个地级市） 绍兴市、东营市、烟台市、潍坊市、威海市、克拉玛依市、鄂尔多斯市、湖州市、盘锦市、嘉峪关市、镇江市、淄博市、江门市、南通市、台州市、三亚市、廊坊市、唐山市、舟山市、营口市、乌海市、秦皇岛市、大庆市、玉溪市、攀枝花市、吐鲁番市、晋中市、包头市、哈密市、北海市、柳州市、防城港市、丽江市、宜昌市、酒泉市、林芝市

数据来源：第七次全国人口普查数据、2021 年中国城市统计年鉴、2015 年全国 1% 人口抽样调查资料。

注：*** 指城区常住人口大于 1000 万的超大城市；** 指城区常住人口大于 500 万小于 1000 万的特大城市；* 指城区常住人口大于 300 万小于 500 万的 I 型大城市；下划线指城市城区常住人口小于 300 万人。

四类城市主要特征分别如下。

I 类城市，共计 4 个。主要包含北京、上海、广州、深圳四个一线城市。四个一线城市 2020 年常住非户籍人口平均规模达到 985.8 万人，占常住人口规模平均值为 52.6%，跨省流动人口占流动人口规模比重平均达到 62.2%，财政自给率平均达到 78.7%。相比于其他城市，四个一线城市对外来人口，特别是跨省流动人口吸引力巨大，需要特别统筹协调好人口增长控制和保障常住人口基本公共服务之间的关系。

表 3-5　I 类城市非户籍常住人口基本情况

城市	常住非户籍人口 （万人）	常住非户籍人口 占比（%）	财政自给率（%）	跨省流动人口占流动 人口总量比重（%）
上海市	1019.0	41.0	87.0	71.0
北京市	792.0	36.2	77.1	66.0
广州市	920.0	49.1	58.3	46.1
深圳市	1212.0	68.7	92.3	65.9

Ⅱ类城市，共计 13 个。主要包含 1 个直辖市（天津），1 个计划单列市（宁波），11 个珠三角、长三角沿海人口主要流入城市（东莞、中山、佛山、惠州、珠海、苏州、无锡、嘉兴、泉州、金华、温州），2020 年常住非户籍人口平均规模达到 301.5 万人，占比平均达到 37.6%，跨省流动人口占比平均为 65.2%，本地财政自给率平均值为73.8%。

表 3-6　Ⅱ类城市非户籍常住人口基本情况

城市	常住非户籍人口（万人）	常住非户籍人口占比（%）	财政自给率（%）	跨省流动人口占流动人口总量比重（%）
苏州市	552.0	43.3	101.7	69.9
无锡市	243.0	32.6	88.5	56.3
宁波市	334.0	35.5	86.7	67.0
嘉兴市	177.0	32.7	84.1	73.2
东莞市	797.0	76.0	82.7	79.0
中山市	260.0	58.7	76.5	72.3
佛山市	491.0	51.6	75.1	63.7
惠州市	216.0	35.6	64.7	54.7
泉州市	118.0	13.4	63.5	58.0
天津市	279.0	20.1	61.0	66.4
金华市	214.0	30.3	60.2	70.5
温州市	127.0	13.2	58.6	64.7
珠海市	112.0	45.7	56.0	52.1

Ⅲ类城市，共计 31 个。主要包含 1 个直辖市重庆、9 个副省级省会城市（杭州、南京、成都、济南、西安、武汉、沈阳、长春、哈尔滨），3 个计划单列市（厦门、青岛、大连），17 个地级省会城市（昆明、长沙、郑州、乌鲁木齐、福州、合肥、海口、贵阳、太原、兰州、南昌、石家庄、呼和浩特、银川、南宁、西宁、拉萨），1 个地级市

（常州）。2020 年常住非户籍人口平均规模达到 171.1 万人，占比平均达到 23.2%，跨省流动人口占比平均为 23.6%，本地财政自给率平均值为 62%。

表 3-7　III 类城市非户籍常住人口基本情况

城市	常住非户籍人口（万人）	常住非户籍人口占比（%）	财政自给率（%）	跨省流动人口占流动人口总量比重（%）
成都市	595.0	28.4	70.4	15.4
常州市	143.0	27.1	84.9	46.0
厦门市	257.0	49.6	80.2	40.5
青岛市	180.0	17.8	79.1	21.1
杭州市	402.0	33.6	101.1	49.4
郑州市	380.0	30.1	73.2	10.1
昆明市	268.0	31.7	74.3	27.3
长沙市	268.0	26.6	73.3	15.2
南京市	222.0	23.8	93.3	35.0
大连市	146.0	19.6	70.1	32.6
乌鲁木齐市	178.0	44.0	73.1	44.4
济南市	127.0	13.7	70.3	16.9
福州市	122.0	14.7	71.0	30.6
西安市	339.0	26.2	53.7	26.0
武汉市	327.0	26.5	51.1	18.9
贵阳市	171.0	28.5	58.7	18.8
合肥市	167.0	17.8	65.5	15.0
长春市	153.0	16.9	40.6	10.1
沈阳市	151.0	16.6	68.5	16.6
太原市	148.0	27.8	58.5	13.5
海口市	106.0	36.7	60.6	31.1
兰州市	105.0	24.0	50.8	21.0
呼和浩特市	96.0	27.8	49.5	11.0
南宁市	93.0	10.6	45.4	16.6

城市	常住非户籍人口（万人）	常住非户籍人口占比（%）	财政自给率（%）	跨省流动人口占流动人口总量比重（%）
南昌市	90.0	14.4	57.7	16.8
银川市	86.0	30.1	47.3	25.7
重庆市	−207.0	−6.5	42.8	18.9
石家庄市	72.0	6.4	55.3	16.8
哈尔滨市	50.0	5.0	29.2	12.4
西宁市	38.0	15.4	40.5	31.4
拉萨市	31.0	35.6	30.7	25.4

Ⅳ类城市，共计 36 个，人口净流入规模普遍不高。2020 年常住非户籍人口平均规模达到 25.3 万人，占比平均达到 11.2%，本地财政自给率平均值为 51.7%。

四、不同城市推进常住地提供基本公共服务的政策重点

（一）Ⅰ类地区：强化自身保障能力，重点统筹处理好"大城市病"问题

Ⅰ类地区是推进常住地提供基本公共服务的难点区域，需要特别统筹协调好人口增长控制和保障常住人口基本公共服务之间的关系，在防控"大城市病"，推动城市非核心功能疏解的基础上，优化城市人口空间布局，稳步有序推进基本公共服务覆盖全体常住人口。

一是强化基本公共服务成本自给保障能力。由于该类城市的行政级别较高，由此而具备的强资源再分配能力与其对因社会优质资源集

中而吸引的非户籍人口对低市场化公共服务的支出责任是一致的，因此无须额外追加补贴，否则将在该类城市形成资源再分配的叠加效应，加剧资源配置的扭曲，并引发外来人口的进一步集中。对于行政审批、证件办理、权益保护、社会治安、公共就业服务等市场化程度和边际成本均较低的基本公共服务，成本应由该类城市的地方政府自己解决，不应得到中央财政的支持。同时，应对这类基本公共服务的配置方式进行改革，使之由以户籍人口配置转为以常住人口配置。对于义务教育、高中教育、公共卫生、保障性住房、职业技能培训、最低生活保障等低市场化程度、高边际成本的基本公共服务，也应由地方政府自行承担，不应得到中央通过财政转移支付、投资预算倾斜或建设用地指标增加等"人地钱挂钩"配套政策予以补偿支持。对于非养老保险类的社会保险和住房公积金等高市场化程度、低边际成本的基本公共服务，成本应由该类城市自己解决，不应得到中央财政支持。由于高市场化程度的公共服务与该类城市的强自我融资能力是匹配的，作为市场经济主体的企业和个人理应支付这类公共服务成本。

二是重点提高郊区、新城基本公共服务水平。公共服务水准直接影响着城市人口的流向。政府应当正视I类地区主城区和城市近郊公共服务水准之间的重大差异，并强化保障力度，大力提高城市郊区公共服务水准，以降低对主城区的设施、服务等的依赖性。一要发挥地方人民政府资金投入的拉动和扩大作用，革新投融资服务方法，主动推动经济社会资金投向大中城市郊区基础设施建设和服务基础设施的供应。二要从缓解超大城市的基础公共服务设施在中心城区内"过密"和外围"过疏"问题入手，强化政府部门的规范引领和带动功能，并积极引进主城区优质医疗、健康、文化教育等社区服务组织，在市域外围地区建立分支结构。三要完善城市郊区的生活服务行业及配套基础设施，在一定规模上预留相应空间以适应今后生活性服务业发展的需求，并采取市场化手段加大投入建设力度。四要逐步完善居住证的相关制度与规定，让居住证持有人得到的服务质量和办理效率稳步提升、含金量不断提高，逐步做到以居住证工作制度建设为载体，促进义务教育工作、基本专业技能训练、基础养老服务、基础医疗服务、保障性住房等服务加速涵盖常住居民，同步推进完善全省统筹的城乡人民基本养老保险制度和基本医疗保险制度，继续使社会保险跨体系、跨地区迁移的接续流程简单化，使超大城市中的非户籍人口进一步融入城市生活。

三是参考日本成功经验，通过全国的市场调节能力，为更大规模的非城市户籍常住人口提供可负担的健康住房。可负担式健康住宅，是指由非城市户籍常住人口消费得起的有单独卫生设施和厨房、能够实现家庭私密性生活的独立住宅空间。日本一直提倡由私人投资建造的小户型出租房屋，为中低收入市民创造可负担的健康住宅。按照我国人民大学的研究成果，假设在市场上有足够的 20—60 ㎡ 的健康房屋可以用来租赁和买卖，那么，在北上广深等我国超大城市大约90%的非城市户籍常住人口将能够依靠市场解决健康住房问题。目前超大城市中尽管有关于房地产、廉租房甚至公共租赁住房等的相关规划，但由于各规划内容未能很好地对接，对人口覆盖范围相对较窄，因此很多非城市户籍常住人口的健康住房要求都不能列入规划文本中，因此亟需建立非城市户籍常住居民的"二二四二"经济可负担型健康住房供给结构。如运用税收政策和信贷政策，鼓励房地产商开发建筑面积适度的紧凑型健康住宅，为占据非城市户籍常住居民中20%以上的高收入人群提供经济可支持住宅；鼓励大公司和开发区投资建造功能较完善的健康宿舍区，为非城市户籍常住居民中 20% 的单身中低收入户提供健康住宅；推动城中村转型，为城市非户籍常住居民中 40% 的中低收入人群提供较小面积或提供的健康房屋，一般居住面积在 20—60m² 之间为宜；利用政府公共财政资金以配建配租建设等形式，为非城市户籍常住居民中 20% 以上最低收入人群提供公共租赁房屋，使公租房的供应规模与政府公共财政能力相适应。

四是逐步提高对城市的管理技术水平，增强对"大城市病"的防治工作力度。"大城市病"在 I 类地区表现尤为突出。参考国外经验，结合我国实际，解决"大城市病"问题时应明确提出社会科学发展宗旨，着力推进进一步提高管理工作技术水平，创新管理机制。推动主城区内与其核心功能关系不大的传统主导产业逐步向外围地区疏解，以提升城市产业布局中对非户籍人口的带动功能。针对北上广深经济活动过度集聚在主城区，"大城市病"问题突出的现实状况，通过调整产业空间布局，优化城市人口分布，发挥城市人口承载潜力。在完善主城区核心功能的同时，注重郊区新城的综合功能培育。

（二）II 类地区：加大中央政府补贴支持力度，增强"三挂钩"政策倾斜力度

II 类地区由于非户籍常住人口规模较大且跨省流动人口占比较高，城市基本公共服务供应能力已无法应对巨大的常住人口需要，应强化中央政府对于基本公共服务常住人口全覆盖的支持力度。

一是补短板，加快提升基本公共服务按照常住人口管理配置的能力。针对 II 类区域内城市基本公共服务供给所面临的短板问题，政府

应当指导在这类区域内根据常住人口结构来规划和合理配置城市的基本公共服务供给资源，尽快补齐城市基本公共服务供给的短板，保障非户籍常住人口可以充分享有市民优待，并确保新落户外来迁移人口和城市居民享有相同的基础公共服务。充分发挥城市土地要素价格较高的资源优势，积极创新以用地供应为关键环节的城市统筹发展政策。Ⅱ类地区的土地要素价值较高。要充分发挥这一资源优势，积极引导这些地方政府采取创新的城乡统筹政策与措施，进一步激活城市土地要素，加速建立与非户籍外来人口落户在新城镇中的"人地钱"等的良性社会互动机制。

二是强支持，加大中央补贴基本公共服务保障成本力度。对于义务教育、高中教育、公共卫生、保障性住房、职业技能培训、最低生活保障等低市场化程度、高边际成本的基本公共服务，其产生的成本应由中央政府制定配套政策予以补偿。特别是针对低行政级别城市，其资源再分配能力较弱，集聚的优质社会资源较少，而出于经济目的迁移而来的非户籍人口对这些社会资源的需求是刚性的，仅靠这些城市的自我融资能力难以满足需要。从配套政策的补偿形式上看，中央政府对这类城市应更多采取财政奖励、投资倾斜等"人钱挂钩"政策，而非采取增加建设用地指标这种"人地挂钩"政策。因为财政转移支付和专项投资可以直接用于教育、医疗卫生、保障房等公共服务的设施建设、人才引进、经费支付等，从而有效提高这一类公共服务供给水平。而在建设用地指标目前仅能实现在省内或县市内部统筹的情况下，"人地挂钩"政策无法在以跨省迁移非户籍人口为主的这一类城市发挥出足够的作用。对于非养老保险类的社会保险和住房公积金等高市场化程度、低边际成本的基本公共服务，其产生成本应由该类城市自己解决。由于公共服务的高市场化程度与城市较强的自我融资能力是相匹配的，加之非养老类社会保险的边际成本较低，不会超出城市的负担能力，因此，无需中央政府的配套政策支持。对于养老保险等市场化程度和边际成本均较高的基本公共服务，应发挥中央和地方两个积极性。在本地企业和地方政府履行对职工和居民养老保险责任的同时，由中央政府应给予一定的财政补贴，并加快推动全国统一的养老保险体系的建立完善，实现养老保险的全国统筹。

三是强保障，重点推动国家的"三挂钩"政策向经济 II 类地区倾斜。充分考虑了 II 类地区与跨省流动人口规模过大、地方政府财政压力大的现实状况，以及我国目前实施的农业转移人口市民化"三挂钩"奖励优惠政策对 II 类地区应予重点倾斜。根据城市高质量发展的内在需求加强土地要素整合，进一步完善建设用地、融资、人才培养等重要要素保障制度，特别在土地要素供给方面，为促进用地计划指标更科学合理，城乡建设用地指标使用任务应更多由省人民政府承担，并探索形成全国性的城乡建设用地、人才补充与土地指标跨地域交换制度。

（三）III 类地区：强化省内统筹，提升自身融资能力

III 类城市主要为直辖市、计划单列市和省会城市，面临着数量较多的非户籍常住人口，与前两类城市不同，非户籍人口以省内跨市为主，跨省迁移的比例较低，意味着对于公共服务的供求区域错配程度相对较低，应着重以省内统筹、提升自身融资能力为重点，实现基本公共服务常住人口全覆盖。

一是重点提升自身保障基本公共服务的融资能力。III 类地区城市，

自身融资实力也较强，在政府扶持下，可采用 PPP 或国有投资集团参股等多种模式，以市场化运作方式对非户籍常住人口基本公共服务设施进行投资、建设、管理、运营。对于义务教育、高中教育、公共卫生、保障性住房、职业技能培训、最低生活保障等低市场化程度、高边际成本的基本公共服务，其产生成本也应由地方政府自己承担。原因在于，该类城市作为省会或全省的中心城市，正是由于其对全省优质社会资源较强的再分配能力，吸引来了大量省内跨市迁移的非户籍人口，这种由行政力量带来的再分配能力与因非户籍人口产生的对教育、医疗等非市场化公共服务成本具有一定的一致性，不应再通过中央财政转移支付和投资倾斜等"人钱挂钩"的配套政策获得额外补偿。对于包括养老保险在内的社会保险和住房公积金等市场化程度较高的基本公共服务，应通过提高城市的自我融资能力实现。对此，中央政府应从政策上鼓励该类城市推动在全省范围内的非户籍人口数量与建设用地增加规模挂钩的"人地挂钩"配套政策，通过鼓励非户籍人口退出迁出地农村的土地，并将置换出的建设用地指标带到迁入地省会中心城市，获得以各类社会保障为主的各类市民化公共服务。由于省域范围内的"人地挂钩"政策已经基本没有制度障碍，对于该类非户籍人口以省内跨市迁移者为主的省会城市，通过"人地挂钩"的方式得到作为人口迁出地的省内其他城市的额外建设用地指标，可以加快经济发展进而提高自我融资能力，从而有效补偿市场化程度高的公共服务支出。对于养老保险，由于边际成本较高，在实施省域范围内的"人地挂钩"户配套政策的同时，中央财政应给予适当的补贴，同时，仍应通过建立完善全国统一的养老保险体系，尽快实现养老保险的全国统筹。

二是提高全省基本公共服务统筹力度。加快推动社会保障制度全省统筹化，为省内流动人口到各省核心城市工作生活创造条件。III 类地区城市是承载各省非户籍人口，特别是农业转移人口的主要载体，在农村社会保障关系无法短期内完成全省统筹的情况下，加速推动全省整合有利于解决全省农业转移人口社会保障关系的异地迁移接续，促进劳动力按市场规律合理流动。当前，由于中央财政限制，实施全省统筹的工作困难重重，因此国家明确要求各地增加对社会保障的统筹层次，以早日完成全省统筹。

（四）IV 类地区：全面保障，重点提高基本公共服务"含金量"

IV 类城市的非户籍人口总量较小，并且跨省迁移和省内跨市迁移的比例也较低，每个城市推动基本公共服务常住人口全覆盖的成本总体不高。对于该类城市，可以通过直接全面放开落户限制，促进外来常住人口和户籍人口同等待遇。重点应放在加强基本公共服务的"含金量"，以支持公共服务设施建设为重点，大力改善教育、医疗、文化等服务水平，提高人口吸引能力和承载能力。

五、不同类型城市推进常住地提供基本公共服务的时序探讨

考虑到我国区域发展差异大，各城市面临的人口流入压力不同，推进常住地提供基本公共服务改革需要循序渐进、分类施策，需遵循"先易后难""试点带动"的原则，聚焦 297 个地级及以上城市，梯次

推进，同时按照"都市圈—城市群—全国"的次序，不断扩大基本公共服务均等化空间范围。

（一）"十四五"时期（2021—2025 年）：聚焦 IV 地区和 II 类、III 类地区的大中城市，全面实现城区常住人口 300 万以下城市基本公共服务常住人口全覆盖

"十四五"时期，以 265 个城区常住人口 300 万以下城市为目标，聚焦 IV 地区，以及 II 类、III 类中城区常住人口 300 万以下的人口主要流入城市，以居住证"强功能、扩数量"为重点，推进城市常住人口基本公共服务全覆盖，同时在稳步有序增强其他超大特大城市重点人群基本公共服务保障能力，促进重点都市圈地区实现基本公共服务均衡普惠。

选择这 265 个城市率先推进改革的主要考虑包括：（1）与"十四五"时期国家"全面取消城区常住人口 300 万以下的城市落户限制""健全以居住证为载体、与居住年限等条件相挂钩的基本公共服务提供机制"的战略部署相匹配；（2）除部分中西部省会城市和沿海人口主要流入的大中城市之外，大部分城市为人口流出地区，或非户籍常住人口规模和比重相对较小，且主要以省内流动人口为主，改革对本地户籍居民影响有限，改革成本相对较低、阻力相对较小；（3）率先聚焦 9 个跨省流动人口集中大中城市和 7 个省内流动人口集中省会城市，开展试点改革，有利于为超大特大城市等难点重点地区提供经验借鉴；（4）有利于顺应非户籍人口，特别是农民工返回老家所在地级市定居的人口流动大势，全面增强重点地区人口综合承载能力。

一是以居住证"强功能、扩数量"完善城市非户籍常住人口公共

服务获取新机制。对于城区常住人口 300 万以下城市，围绕扩大居住证覆盖面、提高居住证含金量、增加居住证办理便利度协同发力，按照"七有"要求，建立非户籍常住人口与基本公共服务挂钩机制。持续扩大居住证提供公共服务和便利的范围，将保障性住房（含公共租赁房）等未对非户籍常住人口全面开放的基本公共服务项目纳入居住证基本公共服务范围必选项，实现非户籍常住人口与城市居民享有同等权利。改革居住证签注制度，简化规范居住证申领程序和申领条件，建立居住证退出机制，将居住证的及时退出纳入个人信用诚信监管范围。有序建立居住证与户籍衔接制度，满足一定条件的居住证持有者可在常住地落户。

二是加大对人口重点流入大中城市的"人地钱挂钩"政策支持。对省会城市和省内流动人口集中地级市，加强省级政府统筹力度，实现省内基本公共服务均等化；对于跨省流动人口集中城市，加大中央和省级政府支持力度，强化保障非户籍人口基本公共服务的土地、资金、人才等要素保障。加大土地计划指标的倾斜力度，探索建立跨省的建设用地、补充耕地指标跨区域交易机制。增加均衡性转移支付的规模和比例，扩大债券规模，提升专项债券市场化水平，建立多元化可持续的资金保障机制。鼓励在人口集中流入城市扩大义务教育阶段公办学校学位供给，优化事业编制调配、增加教师编制数量。

三是选择沿海重点城市开展综合试点。聚焦沿海人口主要流入的大中城市开展综合试点，赋予先行先试权利，在土地制度改革、公共服务供给、"三挂钩一维护"等方面加大支持力度，探索建立成本分担机制，率先实行以居住证为载体、与居住年限等条件相挂钩的基本公共服务提供机制，鼓励地方政府提供更多基本公共服务和办事便利，提高居住证持有人城镇义务教育、住房保障等服务的实际享有水平,为常住地提供基本公共服务制度改革探索道路,提供可复制可推广的经验。

四是推进其他超大特大城市重点人群基本公共服务保障能力,重点都市圈实现基本公共服务均衡普惠。"十四五"时期,针对非户籍常住人口集聚的超大特大和一些人口集聚能力强的中心城市,要量力而行、尽力而为,率先聚焦具有稳定工作的长期居住、举家迁徙等重点人群,全面保障基本公共服务。在具备条件的重点都市圈内,统筹推动基本公共服务、社会保障、社会治理一体化发展,试点开展户籍准入年限同城化累计互认、居住证互通互认,试行以经常居住地登记户口制度,实现基本公共服务常住地提供。

(二)"十五五"时期(2025—2030年):聚焦 II 类和 III 类地区中城区常住人口 300 万以上城市,全面实现除个别超大城市外基本公共服务常住人口全覆盖

"十五五"时期,在实现城区 300 万常住人口以下城市基本公共服务常住人口全覆盖基础上,进一步聚焦超大、特大及人口集聚能力强的中心城市,消除户籍人口和非户籍常住人口的基本公共服务差距,除北上广深等一线城市以外,基本实现基本公共服务常住人口全覆盖,同时,率先实现城市群内部基本公共服务均等化。

一是探索建立基本公共服务与户籍、居住证、社保卡等多挂钩制度。户籍制度与福利制度相挂钩是超大特大城市推进常住地提供基本公共服务改革的重要障碍,借鉴发达国家经验,遵循所获得与所贡献对等的原则,改变社会福利权益仅与户籍(出生身份)挂钩的办法,探索建立基本公共服务等权益与户籍、居住证、社保多挂钩制度,各

级城镇公共服务获取条件进一步放宽，逐步消除户籍的"唯一性"，为2035年全面实现常住地提供基本公共服务和构建以经常居住地登记户口制度创造条件。

二是强化要素保障，推进"三挂钩"激励政策倾斜。对于天津、宁波、苏州、东莞、佛山等跨省流动人口集聚城市，加大中央政府支持力度，加大中央预算内投资支持力度，根据人口流动实际调整人口流入流出地区教师、医生等编制定额和基本公共服务设施布局。对于其他以省内流动人口为主的直辖市、省会城市、计划单列市，强化省内统筹层次，强化基本公共服务资源分布与人口流动趋势匹配，率先开展建设用地省内统筹试点，加快推进社会保险省级统筹。

三是全面实现城市群内部常住人口基本公共服务普惠均等。城市群正成为我国承载发展要素的主要空间形式，集聚人口和经济作用持续显现，19个城市群承载了我国75%以上的城镇人口、贡献了80%以上的国内生产总值。以城市群为单元，率先实现基本公共服务均等化，有利于为全国实现基本公共服务均等化创造有利基础。2030年，在城市群地区率先实现户籍准入年限同城化累计互认、居住证互通互认，试行以经常居住地登记户口制度，实现基本公共服务常住地提供。建立以身份证为标识的人口管理服务制度，扩大身份证信息容量，丰富应用场景。建立健全与地区常住人口规模相适应的财政转移支付、住房供应、教师医生编制等保障机制。

（三）"十六五"时期（2030—2035年）：实现基本公共服务均等化目标

到2035年，剥离附着在户籍之上的社会福利，全面实行以经常居住地登记户口制度，实现人口的自由有序迁徙。建立以身份证为标识的人口管理服务制度，以身份证作为全面加载公民就业、收入、房产、社保、税务、教育、信用等各类信息和享有基本公共服务的唯一载体，建立起统一的覆盖全国、安全可靠的人口信息综合平台，为城乡有序的人口迁移制度提供服务和保障。全面建立健全与地区常住人口规模相适应的财政转移支付、住房供应、教师医生编制等保障机制。

（执笔人：李智）

参考资料目录：

[1] Davis, J. C., and J. V. Henderson, 2003. "Evidence on the Political Economy of the Urbanization Process." Journal of Urban Economics. 53（1）: 98-125.

[2] Henderson, J. V., 2003. "The Urbanization Process and Economic Growth: The So-what Question." Journal of Economic Growth. 8（1）: 47-71.

[3] 甘行琼，刘大帅，胡朋飞. 流动人口公共服务供给中的地方政府财政激励实证研究 [J]. 财贸经济，2015（10）：87-101.

[4] 刘大帅，宋羽. 户籍制度约束下人口流动对财政体制改革的影响 [J]. 河北学刊，2014，34（05）：128-131.

[5] 周黎安. 转型中的地方政府：官员激励与治理 [M]. 上海：上海人民出版社，2007.

[6] 刘尚希. 我国城镇化对财政体制的"五大挑战"及对策思路 [J]. 地方财政研究，2012，（4）.

[7] 李郇，吴康，龙瀛，李志刚，罗小龙，张学良，王德起，杨东峰，邬艳丽，李裕瑞，杨振山，周恺，胡毅，宋涛，戚伟，李昊，高舒琦.

局部收缩：后增长时代下的城市可持续发展争鸣 [J]. 地理研究，2017（10）.

［8］贺雪峰. 城市化的中国道路 [M]. 北京：东方出版社，2014：30-34.

［9］辜胜阻，李睿，曹誉波. 中国农民工市民化的二维路径选择：以户籍改革为视角 [J]. 中国人口科学，2014（5）：2-10.

［10］张翼. 农民工"进城落户"意愿与中国近期城镇化道路的选择 [J]. 中国人口科学，2011（2）：14-26.

［11］侯力. 户籍制度改革的新突破与新课题 [J]. 人口学刊，2014（6）：22-29.

［12］欧阳慧，邹一南. 分区域分群体推进农民工差别化落户城镇 [J]. 中国软科学，2017（2）：66-73.

［13］庞明礼. "省管县"：我国地方行政管理体制改革的趋势？[J]. 中国行政管理，2007（6）：21-25.

［14］陶然，陆曦，苏福兵，汪晖. 地区竞争格局演变下的中国转轨：财政激励和发展模式反思 [J]. 经济研究，2009（7）：21-33.

［15］蔡昉，都阳. 转型中的中国城市发展 [J]. 经济研究，2003（6）：64-71.

［16］童光辉，赵海利. 新型城镇化进程中的基本公共服务均等化：财政支出责任及其分担机制：以城市非户籍人口为中心 [J]. 经济学家，2014（11）：34-38.

［17］才国伟，张学志，邓卫广. "省直管县"改革会损害地级市的利益吗？[J]. 经济研究，2011，46（07）：65-77.

［18］傅勇. 财政分权、政府治理与非经济性公共物品供给 [J]. 经济研究，2010，45（08）：4-15+65.

［19］王垚，王春华，洪俊杰，年猛. 自然条件、行政等级与中国城市发展 [J]. 管理世界，2015（01）：41-50.

［20］王美艳，蔡昉. 户籍制度改革的历程与展望 [J]. 广东社会科学，2008（06）：19-26.

［21］陆杰华，林嘉琪. 高流动性迁徙的区域性特征、主要挑战及其战略应
　　　对：基于"七普"数据的分析 [J]. 中共福建省委党校（福建行政学院）
　　　学报，2021（06）：4-14.

［22］乔俊峰. 农业转移人口市民化进程受阻的财政体制异化效应 [J]. 江苏
　　　行政学院学报，2015（05）：38-43.

［23］王桂新. 中国人口流动与城镇化新动向的考察——基于第七次人口普
　　　查公布数据的初步解读 [J]. 人口与经济，2021（05）：36-55.

［24］王洛忠，孙枭坤. 为什么流动人口基本公共服务协同供给难以推
　　　进？：基于各主体间多重博弈困境的分析 [J]. 东岳论丛，2021，42
　　　（05）：59-67+191.

［25］邹一南. 分类实施大城市非户籍人口落户的配套政策 [J]. 宏观经济管
　　　理，2019（11）：42-48.

［26］刘涛，刘嘉杰，曹广忠. 中国城市人口户籍迁移的估算及时空特征：
　　　新型城镇化的落户政策导向 [J]. 地理科学，2021，41（04）：553-561.

以居住证为载体的外来常住人口基本公共服务享有机制研究

内容提要：近年来，居住证制度已成为外来常住人口享受基本公共服务的重要载体。本研究对城区常住人口超过300万人的31个超大、特大和Ⅰ型大城市居住证申领要求和权益供给情况进行了文本和经验分析。研究发现，重点城市居住证权益供给存在较大差异，受到地方外来常住人口规模、外来常住人口比例、地方财力和发展思路等多方面因素的影响。当前，我国重点城市居住证存在门槛较高、含金量不足、申领签注程序繁琐等问题。建议通过调整居住证申领门槛要求、丰富居住证权益供给体系、优化居住证申领签注流程，进一步提升我国居住证制度整体效果，更好促进流动人口社会融入，助力我国新型城镇化建设。

一、研究背景

随着经济社会的发展和城镇化的推进，我国"人户分离"现象日益普遍，流动人口规模不断增加。根据历次全国人口普查数据，我国流动人口总量从 1982 年的 657 万增至 2020 年的 3.76 亿，40 年间增长超过 56.2 倍，其中 2010—2020 年间流动人口绝对规模增长就超过 1.5 亿人。流动人口的大量增加不仅给城市管理带来巨大挑战，更导致了流动人口基本权益尤其是教育、就业、医疗、社会福利等社会政策权益享有和保障困难。在户籍管理制度仍是我国人口管理的基本形式的前提下，如何平衡户籍管理制度的工具性目标与价值性目标（彭希哲等，2015），如何切实保障流动人口的基本权益，已成为新时期重要的公共政策问题。

近年来，为了进一步保障外来常住人口基本公共服务正当权益，在上海、深圳等一些外来人口较多的发达城市率先探索下，我国居住证制度开始建立并逐步完善（邹湘江，2021）。2014 年印发的《国务院关于进一步推进户籍制度改革的意见》（国发〔2014〕25 号）提出"全面实施居住证制度"的目标。同年发布的《国家新型城镇化规划（2014—2020 年）》（国务院公报 2014 年第 9 号）提出，全面推行流动人口居住证制度，以居住证为载体，建立健全与居住年限等条件相挂钩的基本公共服务提供机制。2015 年 10 月国务院常务会议通过、2016 年正式施行的《居住证暂行条例》正式明确了居住证申领要求、程序和相关权益。《国务院关于实施支持农业转移人口市民化若干财政政策的通知》（国发〔2016〕44 号）提出，将持有居住证人口纳入基本公共服务保障范围，创造条件加快实现基本公共服务常住人口全覆盖。《2022 年新型城镇化和城乡融合发展重点任务》（发改规划〔2022〕371 号）提出，落实以居住证为主要依据的随迁子女入学政策；探索推行电子居住证。《"十四五"新型城镇化实施方案》（发改规划〔2022〕960 号）指出，提高居住证持有人义务教育和住房保障等的实际享有水平，探索实施电子居住证改革。

居住证主要面向跨地市流动且在新地市居住超过 6 个月的流动人口发放，通过解绑原本与本地户籍直接绑定的有关福利和权益，有助于保障外来常住人口在常住地享有义务教育、公共卫生、公共文体等基本公共服务，有利于外来常住人口在常住城市更便利工作生活。公安部数据显示，截至 2022 年 4 月，我国居住证制度已实现全覆盖，全国共发放居住证超过 1.3 亿张。[①] 尽管如此，研究发现，作为外来常住人口基本公共服务的重要享有机制，我国居住证制度在各地实施中仍面临较多问题，尤其是部分城市存在居住证申领门槛较高、居住证含金量相对有限等问题（张展新，2021；李世美、沈丽，2018；Dong & Goodburn，2020），影响了居住证保障外来常住人口基本公共服务权益作用的发挥。在此背景下，与时俱进地开展居住证相关研究，进一步健全以居住证为载体的外来常住人口基本公共服务享有机制，对于促进我国新型城镇化健康发展，推进城镇基本公共服务和便利常住人口全覆盖，更好维护外来常住人口的合法权益，提升外来常住人口的获得感、幸福感、安全感和认同感（陆杰华、李月，2015；聂伟、贾志科，2021），具有重要意义。

本专题在对既有居住证制度进行详细文献梳理的基础上，重点对我国城区常住人口 300 万人以上的 7 个超大城市、14 个特大城市和 10 个 I 型大城市的居住证制度文本和实际情况进行了梳理，已识别存在的问题。在基础上，提出了完善以居住证为载体的外来常住人口基本公共服务享有机制的对策建议。

---

①《全国共发放居住证超过 1.3 亿张　公安部不断深化推进"放管服"改革》，人民网，http://cpc.people.com.cn/n1/2022/0422/c64387-32406288.html

二、既有文献综述

目前学界的主要研究聚焦在四个主要方面。

一是居住证制度的定位。尽管我国居住证制度建立以来已取得了较好的实施效果，但多数学者认为，居住证制度是户籍改革的中间过渡，是最终破除户籍制度的重要方式（李世美、沈丽，2018；陆杰华、李月，2015）。少数学者持相反意见，认为统一的居住证制度即是户籍改革的终极目标，因此应当建立全国统一的居住证制度（迟福林，2017）。

二是各地居住证实施的比较分析。研究发现，尽管2016年国务院《居住证暂行条例》规定了6方面的基本公共服务和7方面便利，但不同地区在执行中存在一定的差异。总体看，流动人口占比较高的一线城市和长三角、珠三角城市居住证福利供给的积极性相对更低。例如，有研究发现，在持有居住证人口参加城乡居民基本医疗保险方面，由于不同城市常住人口结构特征与省会地位两方面因素，省会城市的积极性大于一线城市和长三角、珠三角城市（张展新，2021）。有学者对30个省份居住证持有人享受的权利进行了分析，发现有一半的省份与国家《居住证暂行条例》规定的一致（邹湘江，2021）。此外，不同地区在子女高考、公积金享受门槛等方面政策安排差异较大；居住证转常住户口方面，人口越多、越发达的城市要求越高（陆杰华、李月，2015）

三是居住证制度的效果和影响。居住证制度对于提升增强流动人口公共服务可及性，促进社会公平正义成效显著。研究发现，居住证制度通过梯次渐进的方式提高了流动人口基本公共服务水平（陆杰华、李月，2015），尤其对于改善农民工生活状况和生存较艰难的工业工人作用较大（袁方等，2016；Xu et al.，2021）。此外，居住证制度对于流动人口的城市认同、市民化意愿等均产生了正向影响（梁土坤，2020；聂伟、贾志科，2021）。例如，有学者发现居住证及其福利性收益对流动人口的城市认同感具有显著的正向作用（卢雪澜等，2021）。有学者发现持有居住证与流动人口市民化意愿正相关（丁百仁，2021）。

四是居住证制度改革存在的问题。研究发现，当前居住证存在四方面问题。其一，部分地区申领条件偏高，尤其是低收入流动人口覆盖率和申领率不高（陆杰华、李月，2015；王阳，2014）。这其中的一个原因是，各省份对于"合法稳定就业、合法稳定住所、连续就读"的条件却没有细化和落实，导致流动人口在申领居住证过程中会感知到不确定性，望而却步（邹湘江，2021）。其二，与居住证配套的财政分配体制有待建立，地方事权和财权不匹配导致在居民医保等方面地方积极性不高（张展新，2021）。其三，地方壁垒与部门利益制约居住证制度落实（陆杰华、李月，2015；Dong & Goodburn，2020）。其四，居住证申领的管理技术和手段落后，例如部分地区无法电子申办、手续繁琐，跨市域间、跨省份间无法异地经办等（谢宝富、袁倩，2019）。

总体看，既有文献尽管取得了较为丰硕的研究成果，但缺乏对重点城市居住证制度的比较研究，导致研究问题提炼不够。多数研究停留于对1—3个典型城市居住证制度文本的定性分析，但缺乏范围更为宏观的比较分析。少量研究虽然涉及跨省的比较，但将省一级发布的《居住证制度实施方案》视作一省统一的标准，实际上忽视了省域内不同城市之间的巨大差异。在《"十四五"新型城镇化实施方案》等一系列文件宣布全面放开城区常住人口 300 万人以下城市落户限制的情况下，超大城市、特大城市和 I 型大城市的居住证问题相对更值得关注。

三、重点城市居住证制度差异分析

《"十四五"新型城镇化实施方案》提出，"放开放宽除个别超大城市外的落户限制，试行以经常居住地登记户口制度。全面取消城区常住人口 300 万以下的城市落户限制，确保外地与本地农业转移人口进城落户标准一视同仁。全面放宽城区常住人口 300 万至 500 万的 I 型大城市落户条件。"按照这一政策规定，城区常住人口 300 万以下的城市落户限制被全面取消，这大大减少了这些城市居住证制度实施的必要性。因此，本部分拟重点对城区常住人口 300 万以上的城市居住证制度进行研究，围绕居住证申领门槛和权益供给两个方面展开比较分析。

（一）重点城市范围确定

既有研究一般将住房和城乡建设部每年发布的《中国城市建设统计年鉴》中各城市的城区人口规模数作为判定城市人口规模和城市能级的主要标准。根据《2020 年中国城市建设统计年鉴》，截至 2020 年末，我国城区人口超过 300 万的城市有上海、北京、深圳、重庆、天津、成都、广州、南京、西安、武汉、济南、沈阳、青岛、郑州、杭州、昆明、长沙、哈尔滨、长春、大连、石家庄、太原等 22 个（如下表）。然而，这一数据明显与第七次人口普查数据不一致①。根据《求是》杂志2021 年第 18 期刊发的使用七普数据的《经济社会发展统计图表：第七次全国人口普查超大、特大城市人口基本情况》②，我国城区常住人口1000 万以上的超大城市有上海、北京、深圳、重庆、广州、成都、天津等 7 个，城区常住人口 500 万—1000 万人的特大城市有武汉、东莞、西安、杭州、佛山、南京、沈阳、青岛、济南、长沙、哈尔滨、郑州、昆明、大连等 14 个。按照后一标准，城区常住人口数 500 万人以上的超大城市和特大城市已有 21 个，加上未公布的城区常住人口 300 万—500 万人的 I 型大城市，城市数量远高于住建部相关数据。

鉴于后一数据质量高于住建部《城市建设统计年鉴》数据，因此本研究使用后一数据所列出的超大、特大城市名单。对于《2020 年中国人口普查年鉴》等七普数据未公布的 I 型大城市名单，本研究除了将《城市建设统计年鉴》中公布的其他城市纳入研究范畴外，还采取网络检索方式搜集各地相关新闻报告。最终确定长春、石家庄、太原、合肥、厦门、南宁、乌鲁木齐、宁波、福州、惠州等 10 个城市为 I 型大城市。因此，本研究拟研究的重点城市共 31 个。

表 4-1　本研究确定的三类城市名单

城市类型	人口规模要求	城市名单
超大城市	城区常住人口超过 1000 万人	上海、北京、深圳、重庆、广州、成都、天津
特大城市	城区常住人口 500—1000 万人	武汉、东莞、西安、杭州、佛山、南京、沈阳、青岛、济南、长沙、哈尔滨、郑州、昆明、大连
I 型大城市	城区常住人口 300—500 万人	长春、石家庄、太原、合肥、厦门、南宁、乌鲁木齐、宁波、福州、惠州

① 例如，按照《2020 年中国城市建设统计年鉴》，2020 年佛山城区人口不到 300万，但七普公布数据显示，佛山城区常住人口高达 854 万人。
② 参见 http://www.qstheory.cn/dukan/qs/2021-09-16/c_1127863567.htm

（二）31 个重点城市居住证申领要求比较分析

居住证申领是享受居住证附加权益的前提。2016 年正式施行的《居住证暂行条例》将居住证的基本申领要求明确为"公民离开常住户口所在地，到其他城市居住半年以上，符合有合法稳定就业、合法稳定住所、连续就读条件之一的，可以依照本条例的规定申领居住证"，即"1+1"。实践中，31 个重点城市中，有 27 个完全照搬了国家标准，规定外地户籍居民来本地居住 6 个月以上，且工作证明、住所证明或连续就读证明三个提供一个，即可以申领居住证，占比高达 87%。除此之外，北京、深圳、杭州、宁波 4 个城市对居住证申领提供了不同要求，如表 4-2 所示。

表 4-2　31 个重点城市居住证申领要求

城市分类	城市名称	本地居住 6 个月以上	合法稳定就业	合法稳定住所	连续就读	备注
超大城市	北京	√	√	√	√	未来 6 个月
	深圳	√+	√+	√+	√	住所+社保 12 个月
	杭州	√+	√+	√+	√+	1 年以上
	宁波	√+	√+	√	√+	1 年以上

数据来源：北大法宝、互联网搜索等。

注：√+ 表示高于国家标准。

北京对合法稳定就业和合法稳定住所进行了特别的规定。《北京市实施〈居住证暂行条例〉办法》将在京有稳定就业，明确为未来可能在本市就业 6 个月以上，将在京有稳定住所明确为拥有未来可以在本市居住 6 个月以上的住所。

深圳市、杭州市、宁波市则提高了居住证申领门槛。《深圳经济特区居住证条例》（2019 年修订）规定，"非深户籍人员自办理居住登记之日起至申领居住证之日止，连续居住满十二个月的，视为有合法稳定居所；非深户籍人员自办理居住登记之日起至申领居住证之日止，在特区参加社会保险连续满十二个月或者申领居住证之日前二年内累计满十八个月的，视为有合法稳定职业"。《杭州市流动人口居住证申领实施细则（试行）》规定，合法稳定就业条件指的是申领者本人在市区连续缴纳社会保险满 1 年以上（不含一个月以上中断或补缴，下同），合法稳定住所条件中租房要求也为 1 年以上，连续就读条件同样为取得学籍并连续就读满 1 年以上。宁波与此类似。

（三）31 个重点城市居住证权益供给分析

2016 年正式施行的《居住证暂行条例》将居住证持有人可以享受的权益分为"3+5+6"三类：即 3 项权利，包括在居住地依法享受劳动就业，参加社会保险，缴存、提取和使用住房公积金的权利；5 项基本公共服务，包括义务教育、基本公共就业服务、基本公共卫生服务和计划生育服务、公共文化体育服务、法律援助和其他法律服务；6 项便利，包括按照国家有关规定办理出入境证件，按照国家有关规定换领、补领居民身份证，机动车登记，申领机动车驾驶证，报名参加职业资格考试、申请授予职业资格，办理生育服务登记和其他计划生育证明材料等。实践中，各重点城市居住证权益供给存在一定的差异，不仅体现在各地市《居住证管理办法》等政策文本的规定上存在差异，实践中权益实际供给差异更大。

1. 权益的文本供给

通过对 31 个重点城市居住证政策文本进行总结梳理，可以看出，国家《居住证暂行条例》规定的"3+5+6"的相关权益均在 31 个重点城市的居住证政策文本中得到体现。而在殡葬服务、住房保障服务、子女在本地中高考、老年优待、参加社区事务权利、乘坐公共交通优惠等其他一些权益方面,不同城市居住证附加权益存在较大的差异,如表 4-3 所示。其中,其他权益供给超过获等于 3 项的城市有重庆、武汉、佛山、南京、长沙、昆明、大连、石家庄、厦门、福州和惠州。值得一提的是,将权益供给数量、非户籍常住人口占比、城区人口绝对规模等变量进行线性回归分析显示,非户籍常住人口占比、城区人口绝对规模变量均不是权益供给数量的显著解释变量。

表 4-3 31 个重点城市居住证权益供给(政策文本):其他服务和便利

城市名称	殡葬服务	住房保障服务	本地中高考	老年优待	参加社区事务	公共交通等优惠	数量
上海							0
北京							0
深圳	√		√				2
重庆		√	√		√	√	4
广州			√				1
成都		√	√				2
天津					√		1
武汉		√	√			√	3
东莞			√		√		2
西安			√				1
杭州			√		√		2
佛山	√	√	√	√	√		5
南京			√		√	√	3
沈阳			√				1
青岛		√	√				2
济南		√	√				2

续表

城市名称	殡葬服务	住房保障服务	本地中高考	老年优待	参加社区事务	公共交通等优惠	数量
长沙			√		√	√	3
哈尔滨			√				1
郑州			√			√	2
昆明	√	√	√		√	√	5
大连		√	√		√		3
长春			√				1
石家庄		√	√		√	√	4
太原			√		√		2
合肥		√	√				2
厦门		√	√	√			3
南宁			√				1
乌鲁木齐			√				1
宁波			√		√		2
福州		√	√	√			3
惠州		√	√	√			3

数据来源：北大法宝、互联网搜索等。

2. 权益的实际供给

政策文本与实际政策执行不同，政策执行堪称第二次决策（马奇、奥尔森，2011）。向外来常住人口提供基本公共服务和其他权益涉及大量人力、物力、财力的供给，因此政策文本上的供给并不等同于实际执行中的供给。在现实中，不乏通过或隐或显的制度门槛（如出台加码性的具体实施细则）来限制居住证持有人享受有关权益的例子。因此，通过对部分城市更具体政策实施细则的考察，对居住证附加权益的实际供给过程进行分析，更具有实际意义。

基于2020年"七普"数据，表4-4对31个重点城市外来常住人口

（常住人口数 – 户籍人口数）占总常住人口的比重进行了排序。可以看到，各城市外来常住人口占比差异较大。东莞、深圳、佛山三个广东城市超过 50% 的常住人口不具有本地户籍，而南宁、石家庄、长春等城市外地户籍常住人口比重则不到 10%，重庆常住人口数量甚至低于户籍人口数。鉴于此，本研究选择外来常住人口比例不同的若干地市，重点对居住证附加的子女义务教育、住房保障、住房公积金等关键性权益进行研究，考察外来常住人口比例与居住证"含金量"的相关性。

表 4-4 31 个重点城市外来常住人口占比情况（2020 年）

城市名称	常住人口数	城区人口数	户籍人口数	外来常住人口占比
东莞	1047	956	264.0	74.8%
深圳	1749	1744	585.0	66.6%
佛山	950	854	474.0	50.1%
广州	1868	1488	985.0	47.3%
厦门	516	——	273	47.1%
乌鲁木齐	405	——	231	43.0%
上海	2487	1987	1476.0	40.7%
北京	2189	1775	1401.0	36.0%
宁波	940	——	614	34.7%
惠州	606	——	398	34.3%
杭州	1194	874	814.0	31.8%
昆明	846	534	583.0	31.1%
郑州	1260	534	899.0	28.7%
成都	2094	1334	1520.0	27.4%
太原	530	——	389	26.6%
武汉	1245	995	916.0	26.4%
长沙	1005	555	747.0	25.7%
南京	931	791	722.6	22.4%
西安	1218	928	978.0	19.7%
大连	745	521	602.0	19.2%
天津	1387	1093	1131.0	18.5%

续表

城市名称	常住人口数	城区人口数	户籍人口数	外来常住人口占比
青岛	1007	601	837.0	16.9%
合肥	937	—	782	16.5%
沈阳	907	707	762.0	16.0%
福州	832	—	715	14.1%
济南	920	588	807.0	12.3%
南宁	874	—	791	9.5%
石家庄	1064	—	987	7.2%
长春	907	—	853	6.0%
哈尔滨	1001	550	949.0	5.2%
重庆	3205	1634	3413.0	−6.5%

数据来源：《经济社会发展统计图表：第七次全国人口普查超大、特大城市人口基本情况》，参见 http://www.qstheory.cn/dukan/qs/2021-09/16/c_1127863567.htm；中经网统计数据库。

通过对部分典型城市进行研究发现，不同城市居住证制度在子女义务教育、住房保障、住房公积金等方面的附加权益存在较大差异。

（1）外来常住人口占比最高（50%以上）的重点城市

东莞市。子女义务教育领域：实施了积分制入学办法。如果"家长方"在积分周期内一直是东莞市户籍居民的，按照积分计算方式，积分＝4154（户籍天数）÷30＝138.5；如果"家长方"在积分周期内一直是非东莞市户籍居民的，积分＝（居住证天数＋港澳台居住证天数＋临住登记天数－项目重叠天数）÷30。这一办法在优先保障本地户籍子女就读公立学校的前提下，通过实施积分制入学民办学位补贴政策等方式，确保了义务教育阶段公办学校就读及在民办学校就读享受学位补贴的随迁子女人数占比不低于50%[1]。住房保障领域：在东莞市工

---

[1] 东莞市教育局：《2020年东莞市异地务工人员随迁子女积分制入学（含优惠政策）学位供给情况公布》，http://edu.dg.gov.cn/gkmlpt/content/3/3160/post_3160024.html#188

作及参加社会养老保险逐月缴费累计满 5 年、与东莞市用人单位签订 1 年及以上劳动合同、申请人及其配偶在东莞市无自有住房、申请人及其配偶未正在租住公共租赁住房、领取租赁补贴,未享受经济适用住房、人才住房及房屋修葺等优惠政策的,可以申请东莞市公租房。

深圳市。子女义务教育领域:深圳市允许持有居住证、在深圳市连续居住且参加社保满 1 年的外来人口随迁子女在深圳市接受义务教育,实行免试就近入学和积分入学制度。与东莞类似,深圳市对符合义务教育公办学校申请资格但未在公办学校就读的随迁子女,按照小学每人每年 7000 元、初中每人每年 9000 元的标准,发放民办学校义务教育学位补贴。截至 2020 年年底,深圳市外来人口随迁子女达 86 万人(其中在公办学校就读 39 万人),深圳市将 59% 的义务教育学位、41% 的公办学位提供给了外来人口随迁子女。住房保障领域:外地户籍人群不能申请深圳市公租房。

佛山市。子女义务教育领域:同样实施了积分制入学方法。将非户籍子女学生统称为借读生,分为政策性借读生和普通借读生。前者包括引进人才子女、驻区部队子弟、烈士子女等,后者为其他外地户籍人口。为应对公办学校学位紧张的压力,佛山引入了入学积分制度。入学总积分 = 基础分 + 加分 + 计划生育奖励分(政策内生育子女 30 分或违反计划生育政策行为处理完毕 10 分)+ 各区自定指标分。住房保障领域:与用人单位签订 1 年或以上劳动合同、前两年内缴纳社保满 1 年的"新市民"可以申请公租房;此外,佛山对符合条件的外来务工人员发放租房补贴,具体标准为具有居住证、1 年以上劳动合同且合同处于有效期内、在本市连续缴纳社会保险满 24 个月或者 5 年内累计缴纳 36 个月且仍在保。此外,佛山允许持有居住证的外来务工人员申请公共租赁住房，只要入户积分达到 60 分 ① 且收入、住房达到基本标准即可。

（2）外来常住人口占比较高（20%—50%）的重点城市

宁波市。子女义务教育领域：位于宁波市中心的海曙区规定，满足以下四个条件的未来务工人员子女，可以申请在海曙区就读公立中小学，包括在户籍所在地无监护条件、父母之一签订劳动合同一年以上、父母之一缴纳社保一年以上、父母之一在海曙区居住一年以上。在此基础上，需要参加当地的积分制度。住房保障领域：持有《浙江省居住证》、与本地用人单位签订劳动（聘用）合同满三年且达到规定积分分值的个人或家庭可以申请公租房。

成都市。子女义务教育领域：外来常住人口子女接受义务教育，如已办理积分申请，则至少需要达到 15 分（即缴纳城镇职工基本养老保险 1 年，得分 10 分；拥有本市自住和租住合法稳定住所且在该区域连续居住 1 年，得分 5 分）；如未办理积分申请，则需要《劳动合同》、缴纳满 1 年以上城镇职工基本养老保险以及在该区（市）县连续居住满一年，之后由居住证（地）所在区（市）县教育行政部门统筹安排入学。住房保障领域：成都市锦江区、青羊区、金牛区、武侯区、成华区、高新区（"5+1"区域）外地户籍人口不得申请公租房。

（3）外来常住人口占比较低（20% 以下）的重点城市

合肥市。子女义务教育领域：与本地用人单位签订 1 年以上劳动合同，且持有居住证满 1 年，其子女可以作为随迁子女由当地教育行政部门向定点学校安排学位。住房保障领域。在市区用人单位工作，

---

① 根据《佛山市新市民积分制服务管理计分指标》，入户总积分＝基础分＋加分＋计划生育奖励分（未婚未育、已婚未育和政策内生育子女 30 分，违反计划生育政策行为处理完毕 10 分）＋减分＋各区自定指标分。其中初中为 40 分，高中（中技、中职）为 50 分，大专为 60 分，本科以上为 80 分。可见，60 分的标准是非常容易达到的。

并签订正式劳动（聘用）合同（截至申请时，劳动合同剩余期限满 1 年），且连续缴纳社会保险 18 个月（含）以上的外来务工人员可以申请公租房（还需符合政府规定的其他条件）。此外，合肥市向符合市区公共租赁住房保障条件的在城镇稳定就业外来务工人员提供每户每月 200 元的公租房租赁补贴。

沈阳市。子女义务教育领域：家长持有居住证即可申请在本地接受义务教育。住房保障领域：除符合收入、人均住房面积等要求外，在沈阳连续缴纳 1 年以上养老保险的外来务工人员即可申请公租房。

南宁市。子女义务教育领域：对持有《广西壮族自治区居住证》、在流入地有合法稳定住所、已合法稳定就业，且居住证领取时间、连续居住时间和连续就业时间满 1 年及以上的进城务工人员，其随迁子女在申请由政府安排入学时应优先排序。住房保障领域：南宁市外来务工人员申请公租房，需要在南宁市缴纳满 15 年养老保险。

总体来看，不同城市居住证附加权益差异巨大。重点城市居住证权益与外来常住人口规模、外来常住人口占比、地方政府财力、地方发展思路等因素显著相关，但并非外来常住人口比例越高，城市越不倾向于增加居住证的"含金量"。不同城市基于自身情况，理性计算后确定居住证附属权益，尤其是随迁子女义务教育、住房保障等重点领域，更是如此。

在义务教育领域，外来常住人口规模较大、占比较高的城市，要么选择将国家《居住证暂行条例》所规定的 6 个月要求提高，从而使尽量少的人群子女符合本地公立学校入学资格，要么倾向于通过积分制等方式提高对外来常住人口子女在公立学校接受义务教育的门槛。部分财力较为优厚、对外来务工人员需求较大的城市，则实施了义务教育阶段民办学校学位补贴政策。而在住房保障领域，制造业发达、外来务工人员较多的城市，如佛山、东莞等，尽管外来常住人口占比高，但反而在公租房申请等领域相对宽松。

四、重点城市居住证制度存在的问题

（一）部分重点城市居住证申领门槛较高，重点人群居住证覆盖不足

北京、上海、广州、深圳四个一线城市和长三角、珠三角地区其他城市经济活力强、就业吸附能力大、外来常住人口多，居住证办理需求量最大。在 31 个重点城市中，东莞、深圳、佛山、广州位列外来常住人口比例最高城市的前 4 名，上海、北京、宁波、杭州分别位列第 7、第 8、第 9 和第 11 名。然而，这些城市居住证的申领门槛恰恰是最高的。例如，深圳市要求居住满 12 个月、签订劳动合同 12 个月以上且缴纳社会保险 12 个月以上才具备居住证办理资格；杭州市也规定了 3 个"满 1 年"的要求，宁波市与此类似。这就导致较为严重的供需不匹配问题：最需要办理居住证的群体往往无法达到申领门槛，达到申领门槛的却又常常不需要办理居住证，导致部分重点人群居住证覆盖率不足。此外，多数城市居住证申领资格要求是"回溯性"的，如要求过去 12 个月连续居住或缴纳社保等，从而使得外来常住人口在常住地的最初一段时间（6 个月或 12 个月）无法获取居住证。相比较来说，北京市和南京市的"展望性"居住证申领要求更为人性化。例如，北京市规定"未来可能在本市就业 6 个月以上"或"拥有未来可

以在本市居住 6 个月以上的住所"，即可申领居住证。南京市规定，拟在本市行政区域内居住六个月以上的流动人口，在申报居住登记的同时可以申领居住证。这一要求有助于外来人口更快享有居住证附着的相关权益，更快融入新的城市。

（二）重点城市居住证含金量不足，部分人群申领意愿较低

近年来，随着我国新型城镇化建设的稳步推进和公共服务体系的不断健全，无论是流动人口还是常住人口所能享有的公共服务和相关权益日益丰富化。相比居住证制度最初引入的"十二五"末和"十三五"初期，目前居住证所附着的"3+5+6"相关权益的吸引力大打折扣。在许多城市，即使不办理居住证，大部分权益也可以无差别享有，例如身份证异地挂失和补办，从而导致对于相当部分群体来说，居住证"可有可无""办不办都一样"。此外，部分人群申领意愿低，除了居住证"含金量"相对有限外，还同相关部门对申领居住证的宣传和推广力度不够有关，导致相当数量人群对居住证缺乏认知。大量外来常住群体在事到临头面临子女入学、办理证件等事务时方才办证的情况比较普遍。

（三）居住证申领签注程序繁琐，申领续签率相对较低

目前，各地居住证申领签证过程中仍然存在四个方面的问题，不仅影响了申领效率，而且也降低了居住证的吸引力。一是电子化办证改革推进缓慢。除浙江、河南郑州等少数地区开始试行居住证网上经办外，大多数地区仍然沿用"线下申报＋纸质材料"的传统方式。二是居住证跨地市互认困难。近年来，随着城市群、都市圈建设的推进，

跨地市流动人群数量增多，但是，无论《居住证暂行条例》还是各地方的《实施细则》，大多是以地市为常住单元，这意味着当人群进行跨地市工作调动、跨地市生活时，需要重新累积居住时间、工作时间和缴纳社保时长。三是部分城市居住证办理时效慢。例如，新疆维吾尔自治区公安厅网站在线留言板数据显示，近年来乌鲁木齐市多人次在自治区公安厅厅长信箱写信，反映居住证办理缓慢的情况。四是签注手续复杂繁琐。居住证签注主要涉及居住证到期后的续签，所需证明材料相对较少。但是，很多城市在续签时仍需要线下重复提交材料，审核周期与初次办理居住证时没有显著差别，导致大量人群在居住证到期后选择不续签。

五、对策建议

（一）调整居住证申领门槛要求

一是逐步推动居住证申领门槛统一化。严格落实好《居住证暂行条例》中有关申领门槛的规定，督促居住证申领门槛明显高于国家标准的城市逐步降低申领门槛，尽快实现居住证申领标准全国统一和公开透明。二是将申领"事后"查验变为"事前"报告。借鉴北京、南京做法，将原有的达到居住、合法稳定就业、合法稳定住所、连续就读之后再颁发居住证改为预计未来可以达到相关标准就颁发居住证，即"未来可能在本市就业6个月以上"或"拥有未来可以在本市居住6个月以上的住所"作为主要标准，补齐未获得居住证前外来人口公共服务权利空窗期。

（二）丰富居住证权益供给体系

一是构建梯度化居住证权益体系。基于各地积分制方案，以居住时间、缴纳社保年限等为区分维度，形成差异化、阶梯式的居住证权益供给体系，增加居住证所能享受的服务和便利，激励外来常住人口和流动人口提升生活稳定性。二是进一步丰富居住证附加权益。适时对2016年实施的《居住证暂行条例》进行修订，在原有5项基本公共服务和6项便利的基础上，对照国家基本公共服务项目清单增加内容。可率先将老年优待、参与社区事务、获得表彰奖励、科技成果认定等内容加入国家要求。鼓励和支持各城市根据本地实际进一步丰富居住证附加权益，并及时向社会公布。

（三）优化居住证申领签注流程

一是适时启动电子居住证改革。借鉴浙江、河南等地有关经验，依托疫情防控信息化平台，整合公安、住建、社保、人社、税务等多部门数据，推进电子居住证改革，尽快实现线上办理、全网通办，降低居住证申领和签注成本。二是积极扩大居住证互认范围。适应人口流动趋势，率先推动省域内居住时长在申领相邻地市居住证时可累加，逐步实现本地住房和社保缴纳可累加，鼓励和引导城市群、都市圈、省域内不同地市实现居住证门槛条件互认，助力居住证互认范围扩大。

（执笔人：王哲）

参考资料目录

［1］迟福林．推进以人为核心的新型城镇化 [J]，理论参考，2017（5）：6-9.

［2］丁百仁．居住证制度、多重福利与新时代农民工市民化意愿 [J]．山西农业大学学报（社会科学版），2021（6）：92-101.

［3］国家发展改革委．新型城镇化试点示范等地区典型做法第一期：加快城镇基本公共服务均等化 [EB/OL]．https：//m.thepaper.cn/baijiahao_15605190.

［4］李世美，沈丽．居住证制度与户籍制度改革：北京、上海、深圳的政策解读与对比 [J]．山东农业大学学报（社会科学版），2018（1）：66-74.

［5］梁土坤．居住证制度、生命历程与新生代流动人口心理融入：基于2017年珠三角地区流动人口监测数据的实证分析 [J]．公共管理学报，2020（1）：96-109.

［6］卢雪澜，邹湘江，杨胜慧．居住证影响了流动人口的城市认同感吗？：基于随机森林算法与中介效应模型的实证研究 [J]．福建论坛（人文社会科学版），2021（4）：189-200.

［7］陆杰华，李月．居住证制度改革新政：演进、挑战与改革路径 [J]．2015（5）：50-56.

［8］马奇，奥尔森．重新发现制度：政治的组织基础 [M]．北京：三联书店，2011.

［9］聂伟，贾志科．过渡抑或替代：居住证对农民工城镇落户意愿的影响 [J]．南通大学学报（社会科学版）．2021（3）：89-99.

［10］彭希哲等．中国大城市户籍制度改革研究 [M]．北京：经济科学出版社，2015.

［11］施力维，钱祎，陈佳莹，朱银燕，谢敏敏，罗乾天．绍兴以居住证为载体推动公共服务均等化　让流动人口共享同城待遇 [EB/OL]．浙江新闻，2021-10-27，https：//zjnews.zjol.com.cn/zjnews/202110/t202110

27_23275894.shtml.

[12]王春蕊. 论农业转移人口市民化进程中居住证管理制度的完善 [J]. 中州学刊，2015（6）：60−65.

[13]王阳. 居住证制度地方实施现状研究：对上海、成都、郑州三市的考察与思考 [J]. 人口研究，2014（3）：55−66.

[14]谢宝富，袁倩. 京、穗、深流动人口居住证办理意愿研究 [J]. 北京联合大学学报（人文社会科学版），2019（3）：107−115.

[15]张祥晶. 地方实践的"双重选择"对居住证制度目标的偏离和应对：以深圳、武汉、杭州和成都为例 [J]. 贵州社会科学，2021（6）：66−74.

[16]张展新. 持有居住证人口参加城乡居民基本医疗保险：大城市政策差异与"积极省会"解释 [J]. 社会保障评论，2021（2）：81−92.

[17]邹湘江. 居住证制度全面实施的问题探讨：基于武汉市 1095 个流动人口样本的调研分析 [J]. 调研世界，2017（3）：10−14.

[18]邹湘江. 流动人口居住证制度的历史与现实："变通"与"通变"[J]. 社会建设，2021（5）：32−44.

[19]Dong, Y., & Goodburn, C.（2020）. Residence permits and points systems：New forms of educational and social stratification in urban China. Journal of Contemporary China[J]. 29（125），647−666.

[20]Xu, H., Yang, H., Wang, H., & Li, X.（2021）. The Association of Residence Permits on Utilization of Health Care Services by Migrant Workers in China[J]. International Journal of Environmental Research and Public Health，18（18），9623.

外来常住人口基本公共服务需求
与供给成本分析

内容提要： 外来常住人口与户籍人口的基本公共服务享有存在明显差异，常住地公共服务尚难以满足外来人口需求，教育、住房、医疗、就业是常住外来人口需求最高的四个领域。结合供给成本分析，本文进一步对常住外来人口的基本公共服务需求划分为高需求高成本、高需求低成本、低需求高成本、低需求低成本四种类型。建议完善常住地提供基本公共服务的相关机制，制定合理的成本分担机制，依托大数据等现代化信息技术手段，全面提升流动人口服务数字化水平。

改革开放 40 多年来，中国经济的快速增长为人的全面发展奠定了坚实基础。基本公共服务作为保护人的最基本生存权和发展权的正式制度，是将经济增长成果转化为人的全面发展的有效途径。然而，当前基本公共服务供给以户籍居民为主，忽略常住外来常住人口需求的现象较为突出，这不利于基本公共服务的均等化和共同富裕，亦阻碍了经济增长成果有效转化为人的全面发展。

现有研究较多关注基本公共服务供给，而从基本公共服务需求角度出发的较少。社会融合理论认为外来常住人口应该作为社会融合的主体，忽略外来常住人口的基本公共服务需求从某种程度上忽略了外来常住人口的主体性，不利于社会融合，容易造成群体间的区隔。

了解和掌握外来常住人口基本公共服务需求不仅有助于推动基本公共服务精准供给，而且有助于推动外来常住人口的市民化，继而推动流动人口的市民化和促进经济社会发展。外来常住人口基本公共服务需求满足是一个渐进的过程，在此过程中需要先满足什么需求或者有能力满足什么需求值得研究。我国在努力促使常住人口基本公共服务居住地供给，但这也涉及策略问题。在摸清外来常住人口需求的基础上，综合考虑需求和供给的关系所提出的政策建议更有助于促进常住人口服务居住地供给的实现。

一、外来常住人口规模和特征

（一）我国外来常住人口的规模

外来常住人口主要是指具有非常住地户口但实际在常住地居住一定时段（一般是半年）的人口。在全国层面，并没有外来常住人口的统计口径。从逻辑角度来看，外来常住人口主要是离开户籍地的人口，这在我国被称为人户分离人口，根据第七次全国人口普查数据显示，全国人户分离人口为 49276 万人，其中，市辖区内人户分离人口为 11694 万人。

人户分离人口中的主体是流动人口，第七次全国人口普查数据显示，2020 年，中国流动人口总量达到 3.76 亿，较 2010 年增长了

69.73%。其中，省内流动人口为 2.51 亿，较 2010 年增加 1.16 亿人，增长了 85.70%；跨省流动人口为 1.25 亿，较 2010 年增加 3896 万人，增长了 45.37%。人口流动参与度大幅度提高，流动人口规模进一步扩大。乡土中国向迁徙中国形态转变业已形成。

按照城乡来划分外来常住人口，可以分为乡城流动人口和城城流动人口。2020 年，全国流向城镇的流动人口为 3.31 亿人，占流动人口总数的 88.12%，较 2010 年提高了 3.85 个百分点，其中从乡村流向城镇的人口为 2.49 亿人，较 2010 年增加了 1.06 亿人。2020 年全国"城城流动"人口达到 8200 万人，较 2010 年增加了 3500 万人。总体来看，我国外来常住人口规模在 4 亿人左右。结构上看省内流动、乡城流动的外来常住人口占较大比例。

（二）我国外来常住人口的主要特征

第一，外来常住人口向东部、城市圈集聚。从大尺度区域人口规模的变动情况来看，2020 年，东部地区、中部地区、西部地区和东北地区人口占全国人口的比重分别为 39.93%、25.83%、27.12%、6.98%。与 2010 年相比，中部地区和东北地区人口所占全国人口比重分别下降了 0.79 和 1.20 个百分点，而东部地区和西部地区人口所占比重则分别上升 2.15 和 0.22 个百分点，人口向东部发达地区集中的趋势依然明显。2010 年人口净流入的前 20 位的城市主要为上海、深圳、北京等东部沿海地区城市；2020 年人口流入排名前 20 的城市中，成都、西安、郑州、重庆、长沙等中西部地区省会城市的位置大幅上升。这也说明经济社会发展水平依然是人口流动的重要驱动力。

第二，人口省内流动趋势明显，人口空间分布均衡度提高。从流动距离来看，短距离的省内流动人口和长距离的省际流动人口都在显著增加。2020 年，省内流动人口和省际流动人口分别为 2.51 亿人和 1.25 亿人，比 2010 年分别增加了 1.15 亿人和 0.39 亿人，省内流动人口的增速要显著高于省际流动人口的增长速度。同时，省内流动人口基数较大，占全部流动人口的比重由 2010 年的 61.2% 进一步提升至 2020 年的 66.8%，大约三分之二的流动人口均属于省内流动人口。

第三，返乡回流的现象不断出现。近年来从东部向中西部回流的现象不断增多，省内、县内就业的农民工比重持续提高，流动人口返乡创业、回流定居的意愿也不断增强。而且由于回流人口多倾向于在县城定居，一定程度上又加快了县城城镇化的发展，一些地区正在形成"回流城镇化"。在"引导约 1 亿人在中西部地区就近城镇化"以及全面推进乡村振兴战略的背景下，中西部地区、中小城市和小城镇以及不少地区的乡村都获得了较好的发展机遇，一定程度上也促进了流动人口的回流。

第四，流动人口的年龄结构分化，职业分布从工业、制造业领域向非生产性服务业转移。一是年轻农民工占比明显下降，农民工老龄化加快。截至 2020 年，16—20 岁、21—30 岁的农民工占比分别较 2010 年下降 4.9 和 14.8 个百分点。相比之下，31—40 岁、41—50 岁、50 岁以上的农民占比分别较 2010 年上升 3.2、3、13.5 个百分点。二是农民工受教育程度进一步提升。10 年期间，具有初中文化程度的农民工占比下降 5.8 个百分点，高中、大专及以上文化水平的农民工比重分别上升 1.7 和 12.2 个百分点。三是从事制造业的农民比重降低，从事非生产服务业的农民工数量明显增加。

二、外来常住人口基本公共服务需求分析

（一）教育、住房、医疗、就业是常住外来人口需求最高的四个领域

课题组问卷调查显示，根据需要的迫切程度进行打分，公共教育服务、住房保障服务、医疗卫生服务、劳动就业服务、育幼服务（优孕优生服务、6岁以下儿童预防接种等）、基本社会服务（社会救助/法律援助等）、养老服务、文体服务保障、优军服务保障的需求迫切性依次降低。

专栏：常住人口公共服务新需求

随着经济社会的发展，人们对公共服务需求也会产生新的变化。新冠疫情以来，文体服务领域掀起"露营热"，大众露营服务新需求应运而生。露营既可满足人们旅游出行接触大自然的需求，又可免受疫情反复影响，成为消费者周末、小长假首选。2022年五一小长假期间飞猪"五一"露营订单量环比增长超350%，同程旅游"露营"相关关键词搜索热度环比上涨117%。京东发布的《春夏户外露营消费趋势报告》显示，4月以来，京东上露营产品的搜索量同比大幅增长145%，帐篷、垫子类商品成交额同比增长达229%。

由于专业性露营地费用过高难以承受，而大量有开展露营条件的景区或公园不允许扎营，无服务设施和安全保障的野外露营成为大众首选。在缺少相关服务的情况下，无序扎营、乱丢垃圾、破坏环境、人身危险等问题屡屡出现。

　　建议合理利用现有资源加大露营场地供给。积极利用山岳、绿地、海滩、湖泊、河流、森林等资源，通过完善配套设施和基本公共服务，增加公共性露营地供给，构建价格可接受、安全有保障的普惠露营地网络。鼓励和引导景区、公园、风景道开辟露营区，丰富区内活动内容。

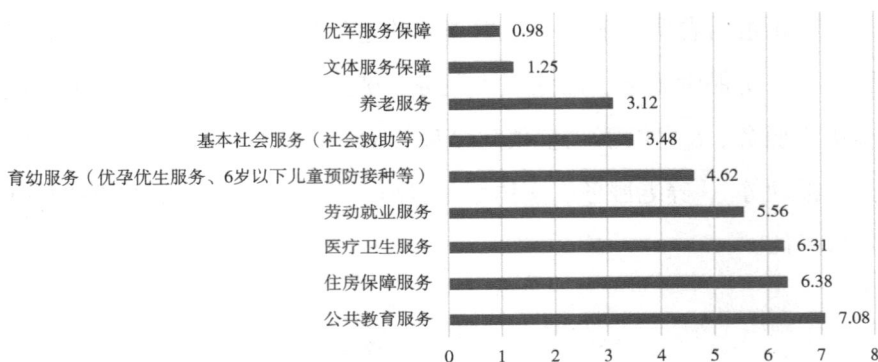

图 5-1　外来常住人口对当地提供的基本公共服务迫切性

资料来源：问卷调查。

（二）义务教育无法进入公办校成为外来常住人口迫切需要解决的教育问题

　　调查显示，关于基本公共教育服务，您认为外来常住人口迫切需要解决哪些问题？这一问题中，75%的选择义务教育无法进入公办校，67.31%的选择学前教育难以进入普惠幼儿园，57.69%的选择取消当地中考限制，50%的选择取消当地高考限制，44.23%和40.38%的选择交纳择校费和放开家乡中考学籍限制。

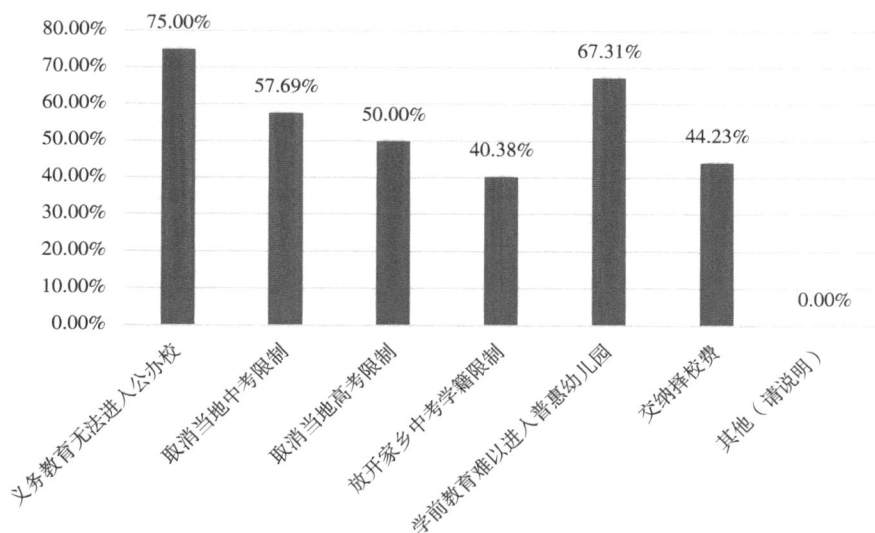

图 5-2 外来常住人口对当地提供基本公共教育服务的迫切性

资料来源：问卷调查。

（三）遇就业纠纷时争议调解和劳动保障维权成为外来常住人口迫切需要解决的就业问题

调查显示，关于劳动就业服务，您认为外来常住人口迫切需要解决哪些问题？这一问题中，78.85% 的选择遇就业纠纷时争议调解和劳动保障维权，76.92% 的选择就业困难人员和零就业家庭等就业援助，73.08% 的选择就业信息和职业技能培训，65.38% 的选择工伤保险待遇落实，55.77% 的选择失业保险参保，46.15% 选择工伤保险参保。

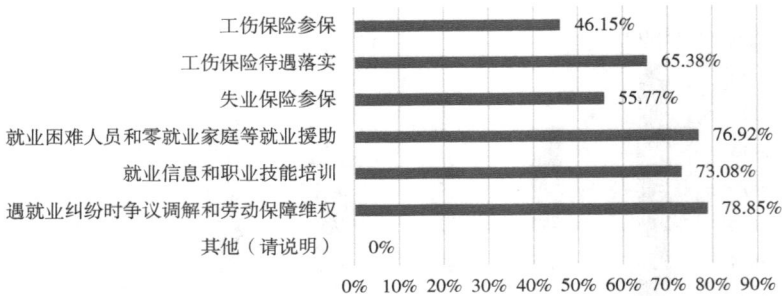

图 5-3　外来常住人口对当地提供基本劳动就业服务的迫切性

资料来源：问卷调查。

（四）医疗保险异地结算成为外来常住人口迫切需要解决的公共卫生服务问题

调查显示，关于基本医疗卫生服务，您认为外来常住人口迫切需要解决哪些问题？这一问题中，90.38%的选择医疗保险异地结算，75%的选择医保转移接续，71.15%的选择医疗保险参保，42.31%的选择健康教育、健康咨询。

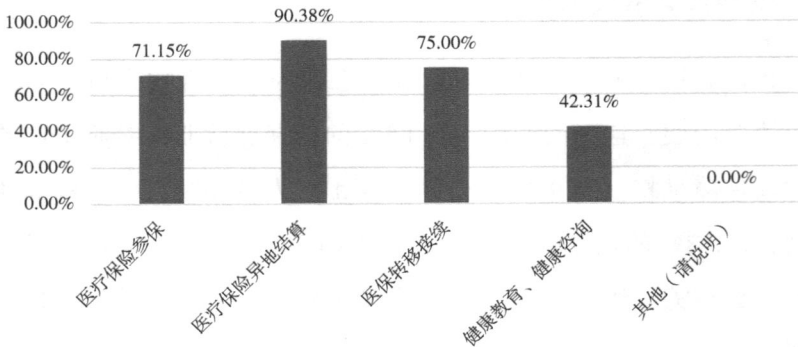

图 5-4　外来常住人口对当地提供医疗卫生服务的迫切性

资料来源：问卷调查。

三、外来常住人口基本公共服务供给成本测算

（一）供给成本构成

关于外来常住人口基本公共服务的供给成本研究，不同学者观点的差异性比较大，基本上是从个人成本开支、公共成本开支以及企业成本开支三个维度上展开的研究。由于缺乏固定的测算标准，结果的精准性还有待商榷。本研究在专家学者的分析基础上，结合我国的现行政策，如《国家基本公共服务标准 2021》提出的涵盖幼有所育、学有所教、劳有所得、病有所医、老有所养、住有所居、弱有所扶等"七有"，以及优军服务保障、文化服务保障"两个保障"，将分别从幼有所育、学有所教、劳有所得、病有所医、老有所养、住有所居、弱有所扶、优军服务保障、文体服务保障 9 个方面进行测算。

（二）测算方法和数据来源

成本的测算基于以下几个方面：

1. 外来常住人口户籍地和居住地的公共服务存在差距

外来常住人口基本公共服务由居住地供给的目的是使外来常住人口和本地户籍人口享有同样的基本公共服务。外来常住人口户籍地是农村，居住地是城市，城市的基本公共服务供给水平要高于农村。城乡差异是比较显著的，以最低生活保障为例，2022 年，云南省城市最低生活保障省级指导标准提至每人每月 700 元，农村最低生活保障省级指导标准提至每年 5343 元／人，折合每月 445.25 元，城乡最低生活

保障金差距为 254.75 元。如果城市为外来常住人口提供最低生活保障就需要补足这个差距，这也就是外来常住人口基本公共服务的成本。

当然，基本公共服务也存在城市间的差异，如自 2022 年 7 月起，北京市最低生活保障标准调整为每人每月 1320 元，而 2020 年 10 月 1 日起，西安城市居民最低生活保障标准为每人每月 740 元，两者也存在较大的差距。

2. 外来常住人口的基本公共服务支出是以人口为基础的

"十四五"时期外来常住人口总量维持在 4 亿左右，也就是说需要解决 4 亿人的基本公共服务需求。但每类基本公共服务所面对的服务对象不同。本研究按照某类群体在总人口的比例来计算外来常住人口中某类服务对象的比例。以幼有所育为例，据国家卫健委数据，2020 年，我国 0 至 3 岁婴幼儿约 4200 万，而 2020 年我国总人口达到 141178 万人，0 至 3 岁婴幼儿占总人口比重为 3%，所以在外来常住人口中 1190 万婴幼儿需要获得幼有所育相关的基本公共服务。以此类推，学有所教、劳有所得、病有所医、老有所养、住有所居、弱有所扶、优军服务保障、文体服务保障的服务对象数量。

3. 外来常住人口的基本公共服务成本就是城乡间基本公共服务支出差异乘上服务人口

所有计算外来常住人口的基本公共服务供给成本的方法是首先找出哪些项目存在差异，利用全国平均值或中部省份的各项支出数据来代表，然后再乘上服务人口数量。这里按照乡城流动人口比例占比为 80%，城城流动人口占比 20% 来估算。本研究以人口作为最基本的变量，考虑到基本公共服务有 80 项，而且有很多项是地方政府支出责任，这样导致地区差异过大，并考虑到区域间的流动性的数据不可及，例如从西部省份广西流动到广东，这样成本可能会比较大，难以精确计算，所以本研究采用匡算法，大体思路是计算出需要服务的外来常住人口数量，然后看每一大类有可能存在的外来常住人口公共服务支出差异，然后匡算出满足外来常住人口的公共服务支出成本。

（三）分领域供给成本测算

1. 幼有所育成本

幼有所育的成本，从二级指标来看，主要有优孕优生服务、儿童健康服务、儿童关爱服务。

在优孕优生服务中，农村免费孕前优生健康检查、孕产妇健康服务、基本避孕服务基本上能覆盖所有育龄妇女，这两项没有太大的成本差异，生育保险则有明显的城乡差异。

在儿童健康服务中，预防接种、儿童健康管理服务对象主要是针对全国0—6岁的人口，现在基本能做到由居住地提供服务，城乡差异主要是服务成本的差异，成本可以统一核算。

在儿童关爱服务中，特殊儿童群体基本生活保障可能存在一定的城乡差异，一般来说，城镇要大于农村，大城市要高于小城市。如2022年，蒙城县社会散居孤儿每人每月保障标准为1100元，福利机构集中养育孤儿每人每月保障标准为1550元，事实无人抚养儿童参照孤儿保障标准执行。而南京市集中供养孤儿基本生活保障标准由每人每月2670元，调整为每人每月2760元。社会散居孤儿基本生活保障标准由每人每月2200元，调整为每人每月2300元。事实无人抚养困境未成年人基本生活保障标准，按照社会散居孤儿基本生活保障标准100%发放，即每人每月2300元。符合条件的重病重残困境未成年人基本生活保障标准，按照社会散居孤儿基本生活保障标准 50% 发放，即每人每月 1150 元。南京市是蒙城县的 2 倍。但这类儿童实际上数量较少，蒙城县共保障孤儿和事实无人抚养儿童 1579 人，其中集中供养孤儿 36 人，社会散居孤儿 105 人，事实无人抚养儿童 1438 人。南京市有孤儿 700 名，事实无人抚养儿童 970 名，重病重残儿童 2409 名，总计 4079 名。困境儿童保障也存在类似情况。农村留守儿童关爱保护主要是针对农村，实际上随着流动人口家庭化流动，农村留守儿童的数量存在减少的趋势，常住人口公共服务居住地提供这一项目成本变化不大。

从分项目只能得到各个项目的支出成本，但是政府还需要负责一些服务项目支持性要素的支出。在幼有所育方面，优孕优生服务、儿童健康服务都涉及可能医生数量的增加。例如随着流入城市儿童的增多，在儿童健康服务中需要配备更多的儿科医生、护士等等。按照匡算法原则，幼有所育覆盖的人口约为 1190 万人，我国儿科医生总数仅 10 万人，每千儿童拥有儿科医生 0.55 人，而按照《健康中国 2020 战略研究报告》提出的每千儿童配 0.69 名儿科医生目标测算，儿科医生缺口为 8211 名，按照每个医生需要支出 20 万元，这个成本大概需要花费 16.422 亿。

2. 学有所教成本

学有所教包括学前教育助学服务、义务教育服务、普通高中助学服务、中等职业教育助学服务。而学有所教最重要的是增加是政府投入的生均经费、教师工资和学校建设费用。

据 2020 年全国普查数据，我国现有义务教育学龄人口 1.56 亿人，约占总人口的 11%，外来常住人口中 4420 万外来常住人口学生需要获得学有所教相关的基本公共服务。

生均经费作为教育领域内的重要指标，是"生均公用经费"和"生均教育经费"的简称。生均经费会因地区不同、层次不同、时间不同而存在差异和变化。据教育部数据生均公用经费标准经过多次提标，达到东中西部统一的小学 650 元、初中 850 元。生均公用经费标准城乡正在统一标准，但这需要一个过程。从目前看初中和高中农村比城市生均公用经费少 50 元。因此要解决 4420 万外来常住人口学生，需要支出 22 亿。

教师工资也在支出的大头。随着居住地学生的增多，必然配备更多的教师。假若生师比达到 1:15，则需要 295 万教师，当然也有一些农村教师到城市中工作。教育部原部长陈宝生曾表示，按照幼儿教师与学生 1:15 的比例推算，2017 年我国缺幼儿教师 71 万。假设教师培养费用低于医生，约为 10 万元，按照教育部缺口计算，则需要 710 亿元。

由于学生流动到城市，而校舍则是不能流动的，需要在流入地新建校舍。根据《河北省义务教育学校办学基本标准（试行）》，中心城区小学一般不低于 15 平方米，初级中学一般不低于 20 平方米。假设流入地校舍按小学面积的最低值计算，4420 万新增学生需要建设 66300 万平方米，房屋竣工造价约为 4000 元，需要 26520 亿元。

3. 劳有所得成本

从项目看，劳有所得包括就业创业服务和工伤失业保险服务，这方面其实城乡差异不大。农民工如果享有和城市户籍人口同样的就业服务，差距可能存在就业培训和补助方面。

据 2020 年第七次全国人口普查数据，我国劳动年龄人口为 8.94

亿人，占全国总人口的 63.35%。假设外来常住人口中就业人口也为 63.35%，则劳有所得的服务对象为 2.534 亿人。人社部在 2018 年表示，我国人均职业技能培训补贴标准始终是在 500 元钱左右，近些年涨幅不大。实现劳有所得常住人口居住地供给则需要花费 1200.67 亿元。

4. 病有所医成本

从项目看，病有所医包括公共卫生服务、医疗保险服务、计划生育扶助服务。目前来说医疗资源主要集中城镇层面，所以外来常住人口病有所医，并不需要建设很大型医院，可能需要的是医生数量的增加和基本公共卫生服务经费的增加。

病有所医是面向所有外来常住人口的，则其服务对象为 4 亿人。2022 年我国基本公共卫生服务经费人均财政补助标准为 84 元，大概需要支出 336 亿元。国家卫生健康委印发《"十四五"卫生健康人才发展规划》。明确到 2025 年，我国每千人口执业医师数达到 3.20 人。照此计算，到 2025 年，全国执业（助理）医师需要从目前的 386.7 万人增加到 448 万人，缺口达 61.3 万人；全国注册护士需要从目前的 445 万人增加到 532 万人，缺口高达 87 万人。按照医师 20 万，护士 10 万的费用计算，各自需要支出 1226 亿元和 870 亿元。

5. 老有所养成本

从项目看，病有所医包括养老助老服务、养老保险服务。其实最重要的是养老床位的缺口。据 2020 年第七次全国人口普查数据，全国60 周岁及以上老年人口 26402 万人，占总人口的 18.70%。4 亿外来常住人口中 7480 万老年人的养老问题需要解决。相关研究指出，养老床位缺口大约在 178 万到 300 万之间，专业护理人员缺口也达到了 300

万。据此计算，外来常住人口的养老床位缺口在 100 万，专业护理人员缺口在 300 万。按照国家发展改革委会同民政部、国家卫生健康委印发《城企联动普惠养老专项行动实施方案》，每张床位补贴 2 万元，养老床位支出成本大概需要 200 亿元。专业护理人口成本按照人均 10 万元计算，大概需要 3000 亿元。

6. 住有所居成本

住有所居包括公租房服务、住房改造服务。住有所居主要是住房建设成本。4 亿外来常住人口并不是所有人都需要保障性住房，有很大一部分可以通过市场解决。假设住有所居覆盖率达到 20%，大概覆盖 8000 万外来常住人口，按照人均住房保障面积标准为 20 平方米，大概需要建设 16 亿平方米住房，住宅建安成本一般在 2000 元左右，那就需要 3.2 万亿元。

7. 弱有所扶成本

弱有所扶包括社会救助服务、公共法律服务、扶残助残服务。弱有所扶其中主要支出是最低生活保障的支出。农村低保金和城市低保金的差异，一是农村低保没有城镇低保的高；二是农村低保是国家规定的，城镇低保是城镇平均工资规定的；三是农村和城镇的物质不同，发放的东西也不同；四是农村低保的标准是根据农村的平均年收入的比例发农村的，城镇低保的标准是根据比例算的。到 2022 年 5 月，全国城市最低生活保障人数 704.5 万人（437.9 万户），农村最低生活保障人数 3373.7 万人（1908.8 万户）。2021 年中国的农民还有大约 5.56 亿人左右，农村最低生活保障人数占农民数量为 6%，那么可以推出 4 亿人中大概有 2400 万人需要到城市中享受城市低保。全国平均的城乡低保金差额为 200 元左右，低保金支出大概为 576 亿元。

8.优军服务保障支出和文体服务保障支出

优军服务方面主要包括优军优抚服务，据退役军人事务部，截至2022年3月底，优待证申请数量超过260万份，审核通过的超过20万份。但这一群体相对较小，支出相对不大。文体服务保障方面包括公共文化服务和公共体育服务，这是针对所有公民的，不存在城乡差距。

（四）供需视角下服务类型划分

按照外来常住人口的基本公共服务需求成本和需求的象限图，可以幼有所育、学有所教、劳有所得、病有所医、老有所养、住有所居、弱有所扶、优军服务保障、文体服务保障9个方面分为四类。

第一类是高需求高成本，主要包括住有所居、学有所教。住有所居方面，外来常住人口仍是以农民工为主体，农民工收入不高，很难购买商品房，因此需要政府提供保障性住房，但土地、建筑等成本居高不下，虽然外来常住人口需求较高，但因为成本较高，住有所居的实现效果并不好。学有所教方面，城市相比农村具有较好的教育资源，而大城市比小城市具有较好的资源，农民工来到城市之后也希望子女能在城市中享受较好的教育，但教育涉及学校建设、师资的配备等问题，还涉及学校建设土地成本问题，支出较高，而且居住地政府对外来常住人口提供基本公共教育服务的积极性不强，这样导致学有所教的需求度高，但是由于高成本，满足情况并不好。

第二类是高需求低成本，主要包括劳有所得、病有所医。外来常住人口来到流入地其中很重要的原因就是为了工作，正如农民工来到城市，是因为城市能够提供给农民工比在农村更多薪水的工作，所以外来常住人口的就业需求是比较高的，目前政府所能提供的就业基本公共服务只有提供信息和培训，这个整体来说成本比较低。外来常住人口在流入地难免会生病，生病去公立医院就医，因为不是本地户籍，可能会产生各种不便，外来常住人口的病有所医需求也是较高的，而因为本来医疗资源主要集中在城市，而且外来常住人口一般也是去较大型的公立医院看病，所以整体上不需要再建设太多大型公立医院去满足外来常住人口的病有所医的需求，这个成本也较低。

第三类是低需求高成本，主要包括老有所养、弱有所扶。老有所养的成本支出是随着我国老龄化进程加快而不断增加的，我国的养老床位目前还存着缺口，而且基础养老金的剪刀差随着外来常住人口老化日渐缩小，城市将会背负巨大的养老压力，养老刚性支出也不会增多，但中国又存在家庭养老的传统，老年人不愿去养老院度过余生，需求较低。弱有所扶只针对较为少数的群体，对于这部分群体是刚性需求，但这一部分数量毕竟要少，所以需求不是很大。但是这部分群体成本较高，尤其是在最低生活保障金不断提高的情况下，而且外来常住人口主要流入城市，城市的弱有所扶标准较高。

第四类是低需求低成本，主要包括幼有所育、优军和文体服务。人民群众对托育的要求很高，但托育不属于基本公共服务。幼有所育项目主要是一些常规化的检查类项目，花费不高，但是需求程度也不是很高。优军和文体服务方面，优军属于特殊群体，外来常住人口属于这一群体的比例不高，大多数并不能获得这些服务，所以成本不高，需求也不高。文体服务供给比较充分，成本主要是在城市的基础设施建设中，外来常住人口增多并不能增加太多成本，通常来说，外来常住人口工作繁忙没有更多时间享受文体服务，所以外来常住人口文体服务需求不高。

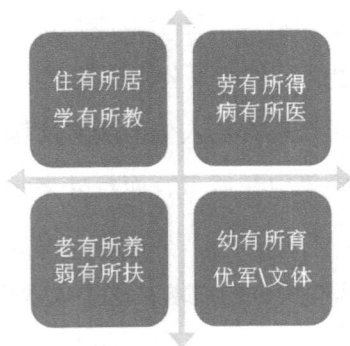

图5-5 外来常住人口基本公共服务需求和成本象限图

资料来源：作者设计。

四、对策建议

（一）完善常住地提供基本公共服务机制

一方面要减少户籍限制的影响，保障外来常住人口的各项基本权利的落实，比如保障随迁子女平等享受义务教育；另一方面要提高各项基础设施的建设水平，及时根据人口的变动跟进相应的基础设施服务水平。最后一个方面是要增进常住地提供基本公共服务的各项保障措施，例如引导外来常住人口参与各项社会保险，拓宽他们的住房保障渠道。

（二）制定合理的成本分担机制

首先要明晰成本三方分担的责任和比例，按照外来常住人口的具体成本进行分类，进而明确各项成本的承担主体和支出责任，建立政府、企业、个人三方共同参与的成本分担机制。其次是建立合理的财政转移支付机制，将有限的财政资源用在最有价值的方面。最后要建立对企业分担成本的监督机制，重点是要完善工资集体协商制度，制定一些切实可行的措施准则，进一步改善劳资关系，强化对于这部分劳动者的权益保护，比如涉及劳动者权益的重大事项，均须经过集体谈判，相关政府部门应进行必要的指导、协调和监督。

（三）提升流动人口服务的数字化水平

鉴于我国流动人口规模大、结构复杂、来源地范围广且随机性强的特点，应该依托现代互联网＋大数据技术的潜在优势，加强流动人口动态化的户籍身份、居住登记、医疗保险、养老保险、随迁子女教育等方面的管理和服务，减轻流动人口管理和服务的难题，全面提高地区流动人口管理和服务的数字化、信息化、智能化水平。

（执笔人：赵玉峰）

健全常住地提供基本公共服务制度
的国内外实践与经验

内容提要：近年来，江苏、浙江、广东等地区常住人口呈现持续高速增长态势，非户籍居民占比较高，常住地政府在为流动人口提供基本公共服务时，逐渐探索出基本公共服务区域内均等化、增强市民化要素保障能力、推动落实公共资源随人走等一系列模式与先行先试经验。本文在分析上述典型案例的同时，进一步总结了美国、欧盟等采取的多元与协调的设计理念，以及以法律和税收等杠杆实现权责统一等国际经验，并进一步提出启示建议。

一、江苏省：基本公共服务区域内均等化

（一）典型做法

一是深化户籍制度改革创新"积分互认"。为推进户籍制度改革，实现农业转移人口等非户籍人口在城镇落户和常住人口基本公共服务全覆盖，苏州市和南京市先后出台"积分互认"措施。苏州市政府办

公室、南京市政府办公厅，分别印发了《关于进一步推动非户籍人口在城市落户的实施意见》，明确了南京、苏州积分落户政策实行居住证年限和社保年限累计互认，在江苏省内其他城市的居住和社保缴纳年限，申请落户时纳入累计认可，逐步探索与长三角城市群中具备条件的省外城市实施户籍准入年限同城化累计互认。二是推行居住证在省域内"一证通用"。制定了覆盖10个领域、86个项目的基本公共服务清单，保障居住证持有人在居住地享有各项权利，鼓励各市县进一步拓展居住证服务内容、增加居住证"含金量"。实行居住证在省域内"一证通用"，13个设区的市先后制定实施办法，实现居住证制度全覆盖、居住证申换补领免费。三是提高南京都市圈同城化公共服务共建共享水平。南京都市圈是我国最早启动建设的跨省都市圈，2021年4月，江苏、安徽两省人民政府联合印发了《南京都市圈发展规划》。在医疗卫生服务方面，以合作办院、组建专科联盟、远程医疗协作、对口支援等形式，扩大优质资源覆盖范围，并整合都市圈远程诊疗系统资源，完善统一的医疗协作体系和预约挂号平台，打造健康都市圈；在教育合作发展方面，依托各城市优质学前教育、中小学学校资源，推动建立区域和跨区域教育集团、学校联盟，鼓励开展城乡区域学校牵手帮扶，引导名校在都市圈内开办分校，例如南京外国语学校、琅琊路小学在淮安市和滁州市设立分校，开展基础教育、职业教育领域管理干部、教师交流，协同扩大优质教育资源供给。

（二）主要经验

一是更快速吸纳常住人口落户。通过调整户口迁移政策、落实放宽城市落户条件、创新积分落户等方式，大幅缩短常住人口落户的时间，松动常住人口的落户卡口，从根本上落实对常住人口基本公共服务的保障（周思佳等，2022）。二是更有效利用居住证制度。全面建立以居住证为载体的基本公共服务制度体系，保障居住证持有人在居住地享有各项权利，丰富基本公共服务清单，拓展居住证服务内容，切实增加居住证"含金量"（刘江斌，2020；田宇豪，2019；张祥晶，2021；许诺，2019）。三是更充分扩展公共服务资源。利用超大特大城市的城市圈辐射带动作用，优化基本公共服务资源的规划布局，提高区域内常住居民享受基本公共服务的数量和质量（邹湘江，2021）。

二、浙江省：增强市民化要素保障能力

（一）典型做法

一是完善"人钱挂钩"政策。建立财政转移支付与农业转移人口市民化挂钩机制，并通过中央财政农业转移人口市民化奖励资金和省财政预算安排资金，加大农业转移人口市民化奖励资金支持力度，完善省农业转移人口市民化奖补机制，进一步细化财政经费投入方向，对吸纳农业转移人口进城落户人数较多的地区加大支持力度，对财政困难的地区给予倾斜，对提供基本公共服务较好的地区给予奖励，同时合理引导农业转移人口合理流动（冯长春，2016）。二是深化"人地挂钩"政策。建立城镇建设用地增加规模与吸纳农业转移人口落户数量挂钩机制，按照人地挂钩的原则，在当年的土地利用计划分配方案中，将各地上一年吸纳非户籍人口落户数量作为重要的分配考虑因素，合理安排城镇新增建设用地计划指标，保障农业转移人口在城镇

的基本公共服务和基础设施项目合理用地需求，推动常住人口增长规模与城镇建设用地规模及公共服务设施用地保障相匹配，提高"人地"挂钩精准度（廖经耀，2018；姚瑶等，2016）。三是增强信息要素支撑。为方便在浙流动人口办理居住登记和各项社会事务，拓展居住证使用功能，加快居住证制度全覆盖，推进居住证跨区域、跨部门互认共享，借助信息技术支撑，浙江已在全省范围内推行电子《浙江省居住证》，符合条件要求的在浙流动人口，通过申领电子居住证，可更加便捷地办理子女入学、医保社保、住房保障登记等各类在浙公共服务事项。

（二）主要经验

一是提高常住地政府提供基本公共服务的积极性。聚焦财政、土地等要素，完善"人地钱挂钩"激励性配套政策，建立财政转移支付与转移人口市民化的挂钩机制，统筹考虑吸纳外来人口或农业转移人口落户人数以及为持有居住证人口提供基本公共服务增支等因素，加大财力保障，调动地方政府积极性（郭文婧，2016；刘畅，2016；杨永磊和郭万明，2016）。同时，建立外来人口市民化奖补机制，根据吸纳常住人口转为户籍人口数量等因素给予奖励补助，奖励资金应统筹用于提供基本公共服务。二是全面提升非户籍人口市民化工作能力。通过提供政策支持和经费保障，做好外来务工人员的教育培训工作，创新模式、扩展数量、提高质量，高质量推动农业转移人口全面融入城市，帮助外来务工人员在常住地真正扎根落地（刘亚娜，2022；Meng X，2019）。

三、广东省：推动落实公共资源随人走

（一）典型做法

一是提出"公共资源随人走"的制度原则。立足人口发展变化趋势，按照人口总量、结构、分布特点，从人口流动和人口发展需要的现实出发，优化公共资源配置，构建与人口发展相适应的公共服务体系。从制度上进一步明确公共资源配置一定要落实到人，防止出现名实不符、名实脱节的现象，让真正承担大量流动人口、常住人口公共服务的地区实实在在得到公共资源的配置。二是积分制享有基本公共服务，扩大居住证享有基本公共服务权益。广州市实施流入人口积分制服务管理政策，通过制定积分指标体系，将个人条件和社会贡献情况换算成积分，再将积分与公共服务挂钩，按积分高低享受公共服务，进而提升流入人口服务管理水平、促进流入人口市民化、保障流入人口合法权益。积分制服务管理的积分指标体系包括年龄等基础指标、文化程度等加分指标和违法违规等减分指标三部分，申请人凭积分可申请随迁子女教育、住房保障等权益和公共服务。三是打通居住证与身份证，完善外来人口基本公共服务享有机制。在提高居住证含金量的基础上，按国家部署探索建立居住证与身份证功能衔接并轨，健全以公民身份号码为标识、与居住年限相挂钩的基本公共服务提供机制，探索身份证承载居住证功能，稳步实现基本公共服务由常住地供给、覆盖全部常住人口。

（二）主要经验

一是提高统筹层次。推动民生保障一盘棋，发挥地方政府在资源配置、标准完善、运行管理上的更大作用，不断提高基本制度的统筹层级。加快建立公共服务投入与常住人口挂钩机制，完善财政转移支付与农业转移人口市民化挂钩政策，实施城镇新增建设用地规模与吸纳农业转移人口落户数量挂钩政策，采取多种形式加强对人口流入较多城市中小学教师、医生护士等刚需岗位的保障力度。二是优化资源配置。立足服务常住人口，根据地理环境、服务对象规模等实际情况，合理布局公共服务设施，推动公共资源配置向大中城市倾斜，提升城市承载能力；大力加强县城公共设施建设和服务能力，满足农民日益增加到县城就业安家的需求；加强人口聚集能力强、发展潜力大的乡镇的公共服务资源投入，重点补齐接纳农业转移人口较多的特大乡镇的公共服务短板（丁国锋、罗莎莎，2022；牟加义，2022）。三是细化落实方案。为向外来人口倾斜义务教育资源，深圳市对符合义务教育公办学校申请资格但未在公办学校就读的随迁子女，按照小学每人每年7000元、初中每人每年9000元的标准，发放民办学校义务教育学位补贴。

四、欧盟："多元"与"协调"的设计理念

（一）典型做法

一是遵守共同原则减少各国差异。人员自由流动与货物、服务、

资本自由流动一起，构成了欧洲统一大市场的制度基础。欧盟要真正实现人员自由流动以形成内部统一的劳动力市场，必须解决自由流动工人的基本公共服务保障等福利问题。为了减少各成员国在流动人口基本公共服务政策方面的矛盾和冲突，欧盟在为流动人口提供合理的社会保障和福利问题上的总体思路是"协调"而并非"统一"。协调的目的是确立各成员国遵守共同原则，以避免或减小各国制度差异给劳动力自由流动带来消极影响。在为流动人口提供医疗、教育等基本公共服务时，欧盟主要遵循以下几条原则（郭秀云，2009；韩标等，2008）：（1）不同欧盟成员国的基本公共服务提供政策虽然不一致，但是成员国之间通过协调的方法建立起工作时间累计等制度，使得人口流动时的权益能够得到保障，不会导致基本公共服务的缺失。为了保障流动人口在流动过程中的福利待遇，欧盟条例规定，在计算保险期限、工作年限和居住期限时，劳动者在不同国家的经过时间要累计计算。这种方法适用于养老、医疗、失业，以及生育，残疾和死亡福利。（2）服务提供实行份额化，即各成员国的社会福利机构根据劳动者在该国完成的不同期限来提供相关的福利待遇份额。这个原则与"累计"原则相结合，解决了自由流动人口不同阶段在不同国家工作而如何获取利益的问题。（3）防止重复得利，即移民、移民雇员或自雇人员在不同成员国享有的基本公共服务等社会福利待遇，在同一时期、同一种类上不得重复享有。二是推进法律制度建设。如果没有强有力的法律来保证强制执行的压力，成员国仍然会想方设法来规避"协调"执行不力。为此，欧盟还通过有约束力的法规和准则确立欧洲公民资格，以实现对共同利益的塑造和追求，在尊重"多元"的基础上，加强彼此间"协调"，实现共同利益的最大化。欧盟通过立法，确立了人员自由流动的原则，明确了人员流动的国民待遇标准，以消除成员国的歧视性政策，并确保共同体法在成员国法律制度中的适用性，维护共同体法的权威（黄桂洪，2007；杨抗辉，2013）。

（二）主要经验

一是兼容差异，维持不同地区基本公共服务等福利制度的稳定性。欧盟各国的福利水平都比较高，但由于文化传统、发展历程等方面的原因，社会保障和福利模式并不相同。欧盟针对流动人口的"协调性"社会保障和福利政策，允许每个成员国自行决定社会保障的制度安排，包括保障对象、项目设定、资格条件、缴费标准、待遇水平等，不需改变其财政体制、基金的筹资与管理模式，但须改变支付方式（任斌，2012）。二是按期限累加、比例分担等原则延续公共服务，保障了流动人口的权益。为使流动人口免受社会福利损失，"欧盟社保法令"在不同国家社会保障体系基础上建立相互联结的期限累加制度，即各国对流动人口权益的保障程度与流动人口在该国的保险期限、工作年限和居住期限相关，流动人口在不同成员国所经过的时段可以累计计算。三是渐进式制度安排给成员国和流动劳动力一定的适应期。经过多次扩盟，欧盟成员国已经从欧共体建立之初的6个国家扩大为目前的27个国家，而提供基本公共服务等社会保障与福利政策的调整是与人员自由流动的开放程度联系在一起的。欧盟的人员自由流动是逐步实现的，其实行的社会保障与福利政策也是如此，它使成员国有一个政策调整的余地，也给流动劳动力一定的心理预期。四是法制建设为福利体制改革提供制度保障。由于欧盟成员国经济发展水平、历史传统和价值观念的不同，导致各国的社会保障制度差异甚大；而工人自由流动又跨越不同的成员国，这就决定了单个成员国无法解决自由流动工人的福利保障问题，客观上需要欧盟层面对此进行立法。然而，根据欧盟条约的规定和辅助性原则的要求，欧盟对自由流动工人社会保障的立法权限仅在于协调，无权对制度进行整体设计。在这种矛盾的局面下，欧盟表现出了高超的智慧。在尊重各成员国社会保障制度差异的前提下，欧盟通过原则性规定、冲突规范和开放式协调等立法方式，促进了人员自由流动和经济发展，加快了"社会欧洲"的进程（朱黄，2008；Guttry AD，2015）。

五、美国：以法律、税收等杠杆实现权责统一

（一）典型做法

一是以满足部分法律法规条件为前置约束。在美国，流动人口要完全进入迁入地的社会权利体系需满足一些条件，如有些州规定居住不满一年的大学生，需支付高等教育学费；在迁入州内具有固定居所等。同时，为在缺少流动限制的情况下实现人口有序管理，社会服务需要与证件登记、人口信息管理相关联，流动人口要向政府部门主动提供人口的真实居住信息，以确保享受各项社会福利政策（杜放、郑红梅，2006；牟效波，2014；张航，2010；熊卫平，2008）。二是以税收为驱动的流动人口基本公共服务完善机制。美国的联邦与州分别立法，地方税收由州决定，分别进行征管。由于各州基本公共服务水平不尽相同，作为一项地区的隐性福利，基本公共服务水平越高的地区，越能够吸引人口迁入，进一步地净迁入的人口由于携带着人力资

本，使得迁入地人力资本增加，资本驱使地区经济加速增长（陆家欢，2013）。也就是说，美国各地区以完善流动人口基本公共服务为抓手，通过基本公共服务影响人口迁移决策，吸引人口迁入，实现地区人力资本积累，从而提升地区经济增长水平。

（二）主要经验

一是以完善流动人口信息管理为基础，推动基本公共服务有序提供。美国通过法律法规设置流动人口享有部分基本公共服务的前提条件，从而借助信息系统平台等有效手段加强对流动人口的管理，提高公共服务供给效率，为完善政策提供数据支撑。以美国社会安全号为代表，其既承载着个人税收、福利、信用等信息，也承载着迁移流动信息，通过"福利引导、责权统一"原则，引导流动人口主动接受管理（谢宝富和袁倩，2019）。二是以"用脚投票"的税收激励方式完善流动人口基本公共服务体系。美国基本公共服务供给原则是义务和权利的对等，不管是流动人口还是本地居民，依法纳税是享受各种社会服务的前提条件，通过强调经济发展与社会服务的统一，促进基本公共服务体系的完善（刘亚娜，2021；苏亚娟，2017）。

六、评价分析

（一）效果评价

一是深化户籍制度改革有效拓宽落户通道。2014—2020 年，江苏省累计实现 883.7 万农业转移人口在城镇落户，江苏省 2020 年常住人口城镇化率和户籍人口城镇化率分别达 73.44%、67.3%，是两者差距最小的省份之一。二是以居住证为载体缩小了服务覆盖差距。江苏省特别是苏南地区农业转移人口规模较大、流动性较强，以居住证为载体提供城镇基本公共服务、推动居住证在省域内通用，保障了农业转移人口享有更充分更便捷的城镇基本公共服务，截至 2021 年下半年，农村劳动力转移就业率达 77.7%。居住证制度实现常住人口全覆盖，制发居住证 3000 余万张，涵盖务工、就学、投资经商、探亲访友、投靠亲属、随迁子女等各类群体，居住证持有人与户籍人口享有城镇基本公共服务的差距持续缩小。三是提高同城化公共服务共建共享水平。在医疗卫生方面尤其典型，截至 2020 年，南京都市圈预约挂号服务平台及远程医疗服务系统已经接受非南京市居民预约挂号超过 100 万人次。杭州都市圈浙江大学医学院附属邵逸夫医院德清院区、浙江大学医学院附属儿童医院莫干山院区、杭州师范大学附属德清医院相继落户德清县，杭州都市圈全域实现异地就医门诊、住院费用直接结算，异地就医备案"就近办""一证通办""零跑办"，杭州市民到都市圈内其他城市就医免备案。四是要素保障能力得到了大幅提升。在义务教育方面表现突出，浙江省义乌市建立了随迁子女教育经费保障机制，将公办中小学校接收随迁子女就学的经费列入年度教育经费预算，由市财政统一安排。在江苏省，义务教育实现"两免一补"和生均公用经费基准定额资金随学生流动可携带，基本公共卫生服务政府补助标准提高到不低于 80 元 / 人 / 年。五是新市民教育培训发挥提质量、稳数量的效果。截至 2019 年，杭州市累计创办建设工地民工学校 6500 余所，参训民工学员超百万余人次，为提升一线建筑工人职业技能和综合素质，高质量推动了外来人口全面融入城市，促进基本公共服务的稳定提供。杭州市总工会多年来坚持资助优秀外来务工人员上大学，从 2012 年至 2021 年已累计资助了 8000 余人，全面提高外来务工人员的文化素质。六是优化资源配置完善了基本公共服务体系。在深圳市优化义务教育配置的作用下，截至 2020 年年底，深圳市外来人口随迁子女达 86 万人（其中在公办学校就读 39 万人），深圳市将 59% 的义务教育学位、41% 的公办学位提供给了外来人口随迁子女。在浙江省义乌市也有类似的改革，在城区不同区位建设中小学校，每年为外来人口随迁子女增加 3000 个义务教育阶段学位，将符合条件的随迁子女全部安排在就近公办学校就读，"十三五"期间，建成投用了 27 所中小学校，较好满足了随迁子女在公办学校入学需求。七是"协调"原则下人才加速流动。欧盟有大量劳动力在本国以外的其他成员国就业。2019 年，有 1300 万劳动人口在欧盟跨境流动，其中包括已经就业、自雇就业或正在找工作的活跃移民 990 万人，占总劳动力的 4.2%。2019 年，欧盟移民就业率为 78%，高于本土居民 75% 的就业率，高素质移民比重高达 1/3。劳动力的自由流动也促进了区域内企业的欧洲化，使成员国在微观经济层面上的联系更加密切，客观上加速了欧盟一体化进程。

（二）推广示范建议

一是进一步拓宽非户籍人口在城市落户通道。实行更加宽松的户口迁移政策，推动超大、特大城市调整完善积分落户政策，推动户籍准入年限同城化累计互认。放开放宽除个别超大城市外的城市落户限制，试行以经常居住地登记户口制度。二是推进居住证制度覆盖全部未落户城镇常住人口。推进城镇基本公共服务向常住人口全覆盖，完善以居住证为主要依据的义务教育、就医结算、职业技能培训、保障性住房等制度，逐步拓展居住证持有人可享有基本公共服务范围、提高服务标准。探索与居住年限和社保缴纳情况相挂钩的紧缺优质公共服务梯度供给制度。三是加速都市圈同城化民生福祉共建共享。增强区域性创新服务和公共服务功能，带动都市圈整体基本公共服务水平提升，探索构建超大特大城市都市圈与大中小城市优势互补、协同发展的体制机制，推动公共服务标准统一、互联互通、普惠共享、深度融合。优化都市圈内基本公共服务供给方式，加强新技术广泛应用，鼓励发展灵活多样的远程服务和在线服务。四是加大对外来人口市民化的财政支持力度并建立奖励激励机制。根据外来人口数量规模、不同地区和城乡之间人口流动变化、大中小城市外来人口市民化成本差异等，对财政转移支付规模、结构进行动态调整。落实人口净流入地区城市的主体责任，引导其加大支出结构调整力度，为常住人口提供与当地户籍人口同等的基本公共服务，并统筹调配市民化奖励资金。五是建立城镇建设用地增加规模与吸纳外来人口落户数量挂钩机制。按照以人定地、人地和谐的原则，实施城镇建设用地增加规模与吸纳外来人口落户数量挂钩政策，完善年度土地利用计划指标分配机制，保障农业转移人口在城市落户的合理用地需求。规范推进城乡建设用地增减挂钩，建立健全城镇低效用地再开发激励约束机制。六是进一步加强和规范外来务工人员培训教育。通过提供政策支持和经费保障，做好外来务工人员的教育培训工作，适应新形势、新变化、新要求，提升外来务工人员职业技能和综合素质，建设知识型、技能型、创新型劳动队伍，高质量推动流动人口稳定生活就业。七是健全公共资源配置与实际服务人口需求挂钩制度。根据人口结构规模与流动规律，聚焦服务人的全生命周期，深化完善基本公共服务体系，科学确定并动态调整基本公共服务清单及标准，完善效能评价，补齐服务设施短板，加快构建有利于人口流动、城乡一体、全省一盘棋的基本公共服务体系。八是流动人口基本公共服务涉及地方利益的让渡，需要各层面进行平衡与协调。欧盟福利让渡的实践在相当程度上减弱了对成员国自身利益的过度保护，而整个问题的解决主要依赖于欧盟以法律等形式更高层次的组织平衡和协调。在我国，常住地基本公共服务政策的建立冲击了传统的福利观念，使原属各省市各部门内部事务的问题溢出边界，而这些问题的解决往往需要区域及部门利益外部化，必须以让渡部分利益为前提。九是加强流动人口基本公共服务的统计调查工作。完善常住人口统计调查制度，可设置部分基本公共服务使用条件，分类完善劳动就业、教育、收入、社保、不动产登记、信用、卫生健康、税务、婚姻、民族等信息系统，建立跨部门、跨地区人口基础信息共享机制，打通各部门数据壁垒，逐步实现人口信息资源共享交换和综合开发利用，提高公共服务供给便利，为完善政策提供数据支撑。

（执笔人：李琦）

参考资料目录：

[1] 周思佳，吴采霏，丁语欣，周建芳：长三角区域老年流动人口基本公共服务政策比较研究 [J]. 改革与开放 2022（01）：38-49.

[2] 刘江斌：居住证制度实施的现实困境与改革路径研究 [J]. 湖北警官学院学报 2020，33（05）：121-132.

［3］田宇豪：我国居住证制度的问题与反思 [D]. 硕士．苏州大学；2019.

［4］张祥晶：地方实践的"双重选择"对居住证制度目标的偏离和应对：以深圳、武汉、杭州和成都为例 [J]. 贵州社会科学 2021（06）：66-74.

［5］许诺：居住证积分政策扩散中的政策创新及其影响因素研究 [D]. 硕士．华中师范大学；2019.

［6］邹湘江：流动人口居住证制度的历史与现实："变通"与"通变" [J]. 社会建设 2021，8（05）：32-44.

［7］冯长春，沈昊婧，王锋：新型城镇化进程中"人地钱"挂钩政策探析 [J]. 中国土地 2016（04）：4-9.

［8］廖经耀：苏州市"人地挂钩"政策研究 [D]. 硕士．苏州大学；2018.

［9］姚瑶，李松，綦群高：对人地挂钩政策的研究与思考 [J]. 中国土地 2016（04）：10-12.

［10］郭文婧："人地钱"挂钩政策提升城镇化的质量 [J]. 住宅与房地产 2016（11）：25.

［11］刘畅：浅析"人地钱"挂钩政策及发展思路 [J]. 科技资讯 2016，14（07）：51-52.

［12］杨永磊，郭万明：新型城镇化人地挂钩政策研究 [J]. 特区经济 2016（02）：18-20.

［13］刘亚娜：流动人口基本公共服务政策优化与治理转型：基于五大城市群的政策范式比较分析 [J]. 中国治理评论 2022（01）：155-177.

［14］Meng X: Does a Different Household Registration Affect Migrants' Basic Public Health Servicesin China?[J].International Journal of Environmental Research and Public Health 2019，16（23）.

［15］丁国锋，罗莎莎：江苏省南京市：保障流动人口权益推进公共服务均等化 [J]. 江淮法治 2022（01）：59.

［16］牟加义：建立基本公共服务与流动人口挂钩机制 [J]. 浙江人大 2022（Z1）：65.

［17］郭秀云：借鉴欧盟流动劳动力社保与福利体系设计的经验 [J]. 中国人力资源开发 2009（10）：81-83+99.

［18］韩标，张燕妮，朱文：欧盟：流动劳动力的社保待遇支付 [J]. 中国社会保障 2008（02）：24-25.

［19］黄桂洪：欧盟自由流动工人社会保障法律制度研究 [D]. 硕士. 广东外语外贸大学；2007.

［20］杨抗辉：浅析欧盟工人自由流动法律制度 [J]. 法制与社会 2013（08）：28-29.

［21］欧盟将向新成员国开放劳动力市场尽早实现劳动力自由流动 [J]. 世界贸易组织动态与研究 2006（04）：41.

［22］任斌：欧盟流动劳动力的福利政策及经验借鉴 [D]. 硕士. 华东政法大学；2012.

［23］朱萸：欧盟内部劳动力流动现状分析 [D]. 硕士. 复旦大学；2008.

［24］Guttry AD：Introducing a new set of guidelines to implement the 'duty of care' of the EU institutions and agencies towards their internationally mobile workforce[J]. European J of International Management2015，9（6）.

［25］杜放，郑红梅：美国流动人口管理及对我国的启示 [J]. 特区经济 2006（08）：157-159.

［26］牟效波：美国"流动人口"的平等保护及其对中国的启示 [J]. 政治与法律 2014（11）：127-136.

［27］张航：美国解决流动人口子女教育问题的作法及启示 [J]. 怀化学院学报 2010，29（04）：137-139.

［28］熊卫平：美国流动人口子女的教育法规及其对我国的借鉴 [J]. 经济研究导刊 2008（03）：71-73.

［29］陆家欢：美国社会服务供给的基本模式与若干新趋势 [J]. 经济体制改革 2013（06）：161-165.

［30］谢宝富，袁倩：京、穗、深流动人口居住证办理意愿研究 [J]. 北京联合大学学报（人文社会科学版）2019，17（03）：107-115.

［31］刘亚娜：基本公共服务视角下城市群流动人口治理转型 [J].中国行政
管理 2021（11）：148-150.

［32］苏亚娟：基本公共服务均等化水平对劳动力流动的影响研究 [D].硕
士．河北大学；2017.

外来常住人口与户籍人口基本
公共服务差距有多大？
——基于深度访谈和问卷调查的分析

内容提要： 在流动人口规模持续增加的背景下，如何推进基本公共服务向常住人口实现全覆盖成为重要的民生议题，外来常住人口和本地户籍人口之间基本公共服务差距程度也亟待厘清和有效解决。通过深度访谈以及在深圳市进行问卷调查，发现外来常住人口对基本公共服务知晓度较低，基本公共服务需求满足程度明显低于本地户籍人口，子女教育、医疗保障、公租房申请是外来常住人口和本地户籍人口差距最大的领域，也是外来常住人口诉求最为突出的领域。为更好地实现基本公共服务向常住人口全覆盖，应坚持基本公共服务的公益属性，重视外来常住人口的突出诉求，在财政能力可承受的范围内有层次地扩展基本公共服务覆盖人群和供给领域，提升基本公共服务效率，细化服务标准，增强服务精准性。

一、调研背景和调研设计

（一）调研背景：流动人口规模大幅度增长与基本公共服务享受不全并存

推进基本公共服务向常住人口全覆盖，是实现以人为核心的新型城镇化的关键举措。"十三五"以来，我国基本公共服务覆盖范围和均等化水平显著提高。《"十四五"新型城镇化实施方案》提出"建立基本公共服务同常住人口挂钩、由常住地供给的机制，稳步提高非户籍常住人口在流入地享有的基本公共服务项目数量和水平，推动城镇基本公共服务常住人口全覆盖"。《2021年农民工监测报告》数据显示，2021年在城镇居住的进城农民工1亿3309万人，比上年增长1.6%。我国人口流动长期保持高度活跃，与之相伴随的是大量长期居住在城镇的外来常住人口对基本公共服务的迫切需求。相对于广大居民多层次多样化需求，我国基本公共服务仍然存在供给不足、质量不高、发展不均衡等突出问题。本调研拟对基本公共服务在外来常住人口和本地户籍人口之间"差距差在哪"和"差距有多大"两个问题进行探索性解答，进一步对基本公共服务如何更好、更精准地向常住人口覆盖提供对策建议。

（二）调研设计：定性定量结合获取第一手资料

调查对象主要包括两类群体，一类是外来常住人口，即在本地城镇地区居住生活半年以上，且离开户籍地半年以上（不包含市内人户分离人口）；另一类是本地户籍人口，即具有居住地本地户籍，在本地城镇地区居住生活半年以上。本调研希望对以下两个问题进行分析：（1）外来常住人口与城镇本地户籍人口在基本公共服务服务项目和享有水平上有何差异？（2）外来常住人口最迫切的基本公共服务需求有哪些？从上述研究问题出发，课题组于2022年5月至6月对外来常住人口和本地户籍人口展开了深度访谈和问卷调查，共获得15份深度访谈资料和109份深圳市调查问卷。在调研样本选择上兼顾了各类人群、地区和户籍，使样本具有一定的典型性和代表性。

经过文献回顾、小组讨论、专家咨询以及试调查多个环节，课题组分别设计了针对本地户籍人口和外来常住人口的访谈提纲和调查问卷，从个人特征、流动特征、服务享受、服务需求、服务期盼等维度深入挖掘外来常住人口和本地户籍人口对基本公共服务的感知。其中外来常住人口访谈提纲共14道问题，问卷共34道问题；本地户籍人口访谈提纲共10道问题，问卷共22道问题。

深度访谈调研使用了滚雪球抽样法，在人口流入较为频繁的地区寻找访谈对象，并请访谈对象推荐符合相关特征的新访谈对象。在访谈对象的选择上尽量包含多种职业、农业与非农户籍、多种流动状态等。课题组对15人进行了深度访谈，其中外来常住人口13人，居住地点分布在北京、上海、宁波、苏州、深圳、合肥等地；本地户籍人口2人，分别居住在宁波和青岛。每人访谈时间在45分钟至90分钟不等。

问卷调查选择在深圳市展开，主要考虑是深圳市人口规模庞大，人口结构趋于年轻化，外来常住人口占比高，对基本公共服务的诉求较为突出。第七次人普数据显示，深圳市流动人口达1423.87万人，占全部常住人口的 70.84%，第六次人普以来人口集聚效应显著，常住人口保持了较快增长，属于人口净流入型城市。深圳市常住人口家庭规模在两次人口普查之间有所扩大，第七次人口普查全市平均每个家庭户的人数为 2.25 人，比第六次人普增加 0.13 人。未来深圳市少儿人口和随迁老人数量预计将有所增加，常住居民对子女教育、养老服务、医疗卫生等基本公共服务有较为迫切的需求。综上，深圳市的人口结构特征使其在基本公共服务向常住人口全覆盖方面具有较强的典型性，符合问卷调查的要求。

二、基本公共服务在人群、地区、需求领域三大方面存在差异

（一）知晓度：对基本公共服务范围认知不清，期待了解更多相关政策

调研结果显示，无论是外来常住人口还是本地户籍人口，对基本公共服务涉及范围和相关内容的知晓程度均较低。被访者通常认为政府提供的都属于基本公共服务，在具体项目上，知晓程度较高的是子女上学和看病就医两个方面，但对何种层级的教育属于基本公共服务范畴尚不清晰。

基建项目并不属于基本公共服务范畴，但是仍有不少被访者认为基础设施建设、道路交通、水电气供应等也是基本公共服务。这说明无论是外来常住人口还是本地户籍人口，他们对基本公共服务涉及哪些领域、各领域内有何具体内容尚未形成明确的认知；也有被访者表

示，应该加强政策宣讲、畅通线上线下沟通渠道，增进社会公众对基本公共服务最新政策的了解。

（二）需求度：因人因城而异，"城漂族"和"无奈返乡人"最需要基本公共服务，超大城市落户难与享受服务难并存，"候鸟老人"期待服务完善

从人群来看，期待落脚的"城漂族"和"无奈返乡人"是对常住地提供基本公共服务需求度最高的群体。深度访谈资料显示，希望落叶归根的农民工以赚钱补贴家用为首要目的，通常具有流动时间长、工作流动性高、体力劳动为主等特点，对基本公共服务不甚了解且没有突出需求。访谈中的"城漂族"因工作发展需要进行了跨城流动，他们多处于事业发展期，看重城市带来的发展机会，期待能够在城市中长期稳定生活。为实现这一目标，期待落脚的"城漂族"对公租房、居住证具有较高的需求度，但也面临着公租房难以申请入住，居住证办理对稳定居所的要求较高、办理时限较长、临时需要时无法及时办理等困难。

居住证是外来常住人口享受常住地基本公共服务的重要凭证，也是其本人参与常住地经济发展的重要佐证。希望长期居留的外来常住人口较为看重居住证，并且能够感受到居住证带来的基本公共服务享有上的便利。问卷调查结果显示，分别有 48.21%、25% 和 21.43% 的外来常住人口者希望简化居住证申领手续、增加凭居住证享有的公共服务和简化居住证签注手续，这说明外来常住人口希望居住证制度能够朝着办理更加便利、服务更加丰富的方向完善。

"（基本公共服务）没想过，我感觉这些东西都用不上。"

——北京市访谈对象1，男，40岁，农民工

"（公租房）我周围人享受的很少，能够享受到的话是走单位租赁享受到的。我觉得还是单位这个实力，相对来说还是可能本地户籍（租上的）会更多一些。"

——上海市访谈对象2，男，32岁，城漂族

外来常住人口中还有一批"无奈返乡人"，对于他们而言，随迁子女在常住地连贯接受教育是一道迈不过去的坎，如不能解决随迁子女上学问题，他们将选择返回老家。调研过程中部分被访者表示，将一段时间内离开流入地并返回至老家周边的城市，返乡最主要的原因主要是随迁子女入学困难。对北京市外来常住人口的深度访谈发现，因随迁子女无法在京上小学、初中，这些举家迁移的家庭选择在子女幼升小、小升初之前回到老家，返乡的时间规划在1—2月内到2—3年内不等；多子女家庭选择让子女次序回乡，长子/长女在老家学校就读，幼子/幼女仍跟随父母在流入地就学。在无奈返乡的背后，折射出外来常住人口家庭对随迁子女在大城市接受教育的渴望和期待。

"（孩子们上学）是导致让我们回家的一个非常硬性的条件，就没有可选择、没有可商量的余地。"

——北京市访谈对象2，女，39岁，无奈返乡人

"上学挺难的，然后跟人家北京人肯定是不一样，像我们外地人，在北京初中高中上不了。……我（把孩子）转（学）回

家了，初中的时候上学太难，上到小学毕业就转（学）回家。在
北京上的小学。"

——北京市访谈对象 3，女，40 岁，无奈返乡人

从城市层级来看，外来常住人口享受基本公共服务的充分程度在超
大城市有所降低。超大城市外来常住人口规模大，但户籍准入门槛高，
外来常住人口难以充分享受部分基本公共服务。例如北京市访谈对象因
没有社保、无学位，其随迁子女面临着义务教育阶段入学难问题。对于
经济基础较为薄弱的外来常住人口家庭而言，在子女就学的关键时间节
点上，很有可能选择先将孩子送回老家或举家回迁。深度访谈发现，在
落户门槛较低的城市，部分外来常住人口家庭会选择将子女或配偶中的
一方在常住地落户，配偶另一方选择保留原户籍，采取这一做法的主要
原因包括无需迁移户籍即可享受基本公共服务、在农村拥有土地、给子
女多种上学选择、退休后回家照顾老人等。这类家庭实际上已经实现向
"新市民"身份的转化，他们对基本公共服务的需求十分明确且服务可
及性高，可以通过自身努力实现子女在本地就学等事项。例如有访谈对
象表示虽然没有迁户口，但是拥有房产证就可以解决孩子上学问题，因
此在基本公共服务获得上未遇到明显的难点堵点。

"我们有房产证，苏州的政策凭房产证就可以入学的，然
后还没有说必须要本地户口，所以我们现在还没有考虑要迁
户口。……（不迁户口）小孩上学不影响，因为只要有房产证
（就行），所以就没有迁。"

——苏州市访谈对象 2，女，34 岁，举家迁移

由此可见，在落户难度越低的城市，外来常住人口享受基本公共服务与本地户籍的关联程度越低，外来常住人口不迁户口是一种主动选择；北京、上海、深圳等超大城市的基本公共服务供给与本地户籍仍存在较强的关联性。

在外来常住人口中还有一批较为特殊的群体，就是"候鸟老人"。这一群体年龄偏大，大多是拥有配偶、子女或在流入地有亲友，因此通常进行季节性迁移流动，例如选择在冬季来到海南等南方省份过冬，在春夏季节再返回常住地，在流入地居住时间达到数个月。这类群体的迁移具有季节性、暂住性、聚居性、老龄化和低融合性的特征，以三亚市为例，当"候鸟老人"来到时，会形成外来常住人口与本地人口规模倒挂的现象，给本地基本公共服务供给带来较大的压力[1]。

"候鸟族"在基本公共服务供给方面最大的需求来自于医疗服务。因"候鸟族"老人年龄较高，患病、发病几率也较高，因此对基本医疗服务具有较大的需求，但流入地根据常住人口规模兴建的医疗机构无法在短时间内承接突增的医疗需求，使季节性强需求、弱供给的现象经常出现。

在接纳异地养老人群的过程中，流入地政府也面临着诸多新的挑战。以海南省为例，政府、社区、机构在提供养老服务时面临着养老服务对象有限、公共财政投入不足、供给服务内容单一等多种困境[2]。

从"候鸟族"老人的需求来看，相关调查显示，这类老人对健康保护要素较为敏感，对于社区环境较为满意，但是对社会养老服务、社会保障等公共服务不满意[3]。这说明"候鸟老人"对流入地的基本养老服务等具有较高的期待，在对生活环境认可的基础上，需要进一步加强基本公共服务配套，特别是养老、医疗方面的服务，以提升

"候鸟老人"的异地养老质量。

（三）服务需求：教育、医疗、住房是三大重点

深度访谈资料显示，学龄子女本地就学和本地就医是外来常住人口最迫切的需求；问卷调查数据显示，对于外来常住人口而言，基本公共服务需求优先度从高到低分别为：公共教育服务、住房保障服务、医疗卫生服务、劳动就业服务、育幼服务、社会救助等基本社会服务、养老服务、文体服务保障和优军服务保障。

在基本公共教育领域，外来常住人口认为最需要解决的问题依次是：义务教育无法进入公办校、学前教育难以进入普惠幼儿园、取消当地中考限制、取消当地高考限制、交纳择校费和放开家乡中考学籍限制。

在基本医疗卫生领域，外来常住人口最关心的问题依次是：医疗保险异地结算、医保转移接续、医疗保险参保和健康教育及健康咨询服务。访谈对象表示在本地看病就医还存在一定的难度，因自己和随迁家人的医药费无法在常住地报销，医疗费用将是一笔较大的开支，所以可能会选择不就医或自己简单吃药的方式来应对病痛。深圳市在就医方面开辟了本地户籍人口与直系亲属共享医保通道，在一定程度上缓解了异地看病就医的支出压力。

在住房领域，本地户籍居民拥有自购住房的比例远高于外来常住人口，外来常住人口获得公租房保障的难度要高于本地户籍人口。问卷调查结果显示，外来常住人口中有73.21%是自己租房，本地户籍人口租房比例为28.30%；外来常住人口自购经适房的比例为10.71%，本地户籍人口为13.21%；外来常住人口自购商品房的比例为5.36%，本地户籍人口为37.74%。在公租房方面，本地户籍人口和外来常住人口申

请公租房成功的比例分别为 11.32% 和 7.14%，相差 4.18 个百分点；外来常住人口申请了公租房但没有成功的比例为 30.36%，高出本地户籍人口 5.83 个百分点。在未申请公租房的群体中，外来常住人口因轮候时间过长而没有申请的比重为 14.29%，高出本地户籍人口 2.97 个百分点；外来常住人口不符合申请条件的比例为 25%，高出本地户籍人口 11.79 个百分点。在超大城市中，公租房属于较为稀缺的公共资源，能获得该项服务的难度较大。以深圳市为例，如家庭成员均为非深户则不可以申请公租房，需满足户籍、社保、住房、年龄条件等才能具备申请资格，对于外来常住人口及其家庭而言，户籍和社保相关条件较难达到，因此能够享受到这一服务的外来常住人口更是少之又少。

（四）服务差距程度：超七成外来常住人口明显感知服务差异

问卷调查结果显示，76.79% 的外来常住人口感受到基本公共服务存在户籍人口和非户籍人口之间的差别，外来常住人口中感到"差别比较大"和"差别很大"的比例分别达到 19.64% 和 14.29%。这说明在实际享受基本公共服务的过程中，外来常住人口主观感受到的户籍壁垒较为明显。

本地户籍人口对基本公共服务差异的感知度较低。认为"差别很大"、"差别比较大"和"存在一定差别"的比例分别为 1.89%、16.98% 和 35.85%，分别低于外来常住人口 12.4 个百分点、2.66 个百分点和 7.01 个百分点。认为"差别不大"和"基本没有差别"的比例分别为 35.85% 和 9.43%，分别高于外来常住人口 16.21 个百分点和 5.86 个百分点（如图 7-1 所示）。

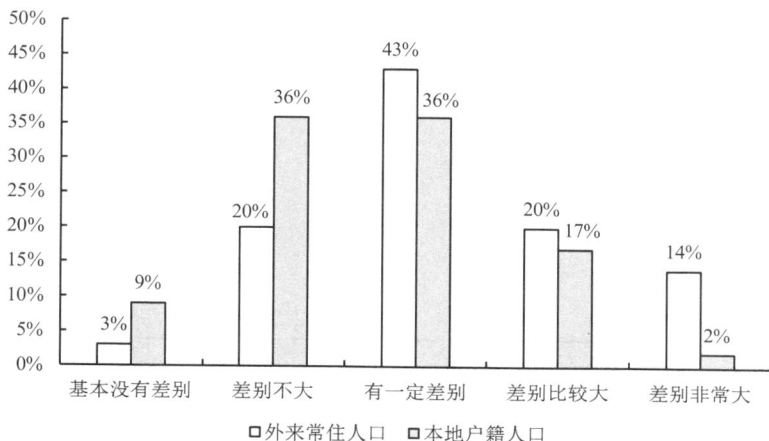

图 7-1　深圳市外来常住人口和本地户籍人口基本公共服务差异感知情况

资料来源：课题组通过问卷调查得到。

（五）需求满足程度：三分之一外来常住人口的服务需求未得到有效满足

对于当前居住地提的基本公共服务能否满足个人和家庭需要这一问题，外来常住人口认为难以满足当前需要的比例合计为 30.36%，本地户籍人口这一比例为 15.09%。这说明无论是本地户籍人口还是外来常住人口，还存在着一定程度的基本公共服务覆盖不到位的现象，但这一现象在外来常住人口中更为突出。

在外来常住人口中，认为基本公共服务满足相关需要程度为"一般"的比例为 28.57%，"基本能满足"的比例为 35.71%，认为"完全满足"的比例为 5.36%，均低于本地户籍人口选择该项的比例（如图 7-2 所示）。通过比较可以发现，外来常住人口在基本公共服务享受方面仍存在一些阻碍，导致其基本公共服务满足程度较本地户籍人口明显偏低。

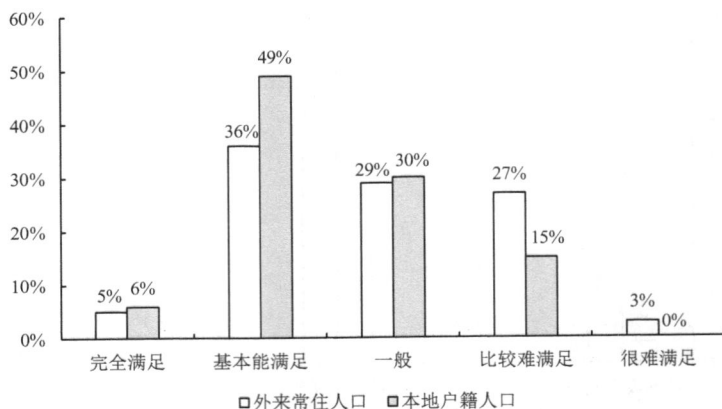

图7-2 深圳市外来常住人口和本地户籍人口对基本公共服务需求满足程度的态度分布

资料来源：课题组通过问卷调查得到。

（六）包容性：本地户籍人口对基本公共服务全覆盖持积极态度

深度访谈资料显示，在外来常住人口享受本地基本公共服务方面，本地户籍人口持较为包容开放的态度。本地户籍人口从城市发展的角度来看待基本公共服务供给向常住人口覆盖，并且希望在个体贡献和服务获得之间取得平衡，充分给予外来人口享受本地基本公共服务的机会。

"当不论（是否拥有本地）户籍，大家享受到公共资源服务，（是）根据他付出的内容（和享受的服务）是一致的时候，我个人觉得没有问题。"

——宁波市访谈对象2，男，29岁，本地户籍人口

"我觉得这是一个好事，从一个城市的发展来说，你要发

展，就是要变得更好。你肯定要有比较大的包容心态，能容纳或者说是能给予外来人一个机会，或者说给他一个融入进来的环境跟空间。政策的话，要给予平衡的一个机会。"

——青岛市访谈对象1，男，29岁，本地户籍人口

问卷调查数据显示，58.49%的本地户籍居民认为当前本地区向非户籍常住人口提供基本公共服务是比较合理的，有32.08%认为应当进一步开放，仅有5%的被访者认为应该进一步收紧。从外来人口与本地户籍人口享受一样的基本公共服务带来的影响来看，本地户籍人口的主要担忧体现在人口过快增长加大本地服务供给压力，以及挤占现有服务资源影响户籍人口利益两个方面。

从总体上来看，本地户籍居民对基本公共服务向常住人口全覆盖持积极态度，关键是服务供给需要做到个体付出和获得相匹配。当城市对人口具有强吸引力时，快速增长的人口规模会给本地人带来服务供给压力和资源挤占方面的担忧。这需要政府综合评估基本公共服务供给能力，以均等化为目标，逐步实现基本公共服务向常住人口覆盖。

三、调研启示与对策建议

（一）调研启示

第一，高度关注不同类型外来常住人口的基本公共服务需求。常住地提供基本公共服务的关键之处和难点在于做好外来常住人口这一"增量"部分的服务供给。通过调研发现，外来常住人口内部对基本公共服

务需求存在着较大的差异。长期定居的外来常住人口因已经成家立业，子女尚在学龄，祖辈帮助照料，因此在子女就学、医疗、住房等方面需求度最高。外出打工者对于基本公共服务感知较弱，虽然在流入地城市长期居住，但没有突出迫切的基本公共服务需求，他们希望能够多赚一些钱寄回老家，或者等成家立业、子女上学时再考虑就学、就医等需求。因此，在提供基本公共服务的过程中，需要重视不同类型外来常住人口在需求内容、服务认知上的差异性。在推进基本公共服务向常住人口全覆盖的过程中，要注重平衡外来常住人口和本地户籍人口之间对基本公共服务的感知水平，避免形成群体间的观念冲突。

第二，广大居民期待对基本公共服务有更加深入的了解。调研过程中多数访谈对象对基本公共服务概念和范围缺乏了解，对自己可以享受哪些服务、应当享受哪些服务、如何享受服务均不甚清楚；还对部分无关基本公共服务的内容产生了混淆。这里给予的启示是，在基本公共服务均等化水平不断提高、逐步迈向高质量发展的过程中，应加强政策的配套宣传，让广大居民更好地了解基本公共服务的内容、标准和范围，提高基本公共服务享有水平。

第三，推进常住地提供基本公共服务具有良好的民众基础。基本公共服务关乎每个家庭、每个个体，基本公共服务为实现人的全面发展提供了所需要的基本社会条件。调研结果显示，本地户籍居民对常住地提供基本公共服务持有积极态度，这为推进相关工作提供了较好的民意基础。这里获得的启示是，人口流动是我国经济快速发展不可或缺的重要推动力量，外来常住人口为常住地的经济发展做出了相应贡献，应在当地财政能力允许的范围内，进一步推进外来常住人口在常住地享受更加齐全的基本公共服务。

（二）对策建议

第一，坚持基本公共服务在保障民生方面的重要作用。在由常住地提供基本公共服务的过程中，服务对象向外来常住人口扩展，需要聚焦这一新增群体的基本生存和发展需求，在此基础上提供相应的基本公共服务，并由常住地政府进行保障。优化基本公共服务资源布局，向外来常住人口较为集中、资源较为稀缺的地区适当新增、改建、扩建相关设施和机构，着力扩大重点领域普惠性公共服务供给，对服务空白点进行"补缺"。

第二，有层次地推进基本公共服务向常住人口全覆盖。在保障基本公共服务为常住人口提供兜底保障的基础上，在地方财政可承受的范围内，可以逐步扩展服务范围、提高服务标准，但需要遵循尽力而为、量力而行的原则。针对教育、医疗、居住等诉求较为突出的领域，可以通过专项行动的形式持续增加基本公共服务供给，对短板领域进行"补全"，使全部常住人口能够更加均等、便捷地享受相关服务。

第三，强化基本公共服务标准化建设。标准化是实现基本公共服务均等化的重要手段，在推进常住地提供基本公共服务时，如何将常住人口与基本公共服务标准进行有机结合是工作的难点。根据常住地提供基本公共服务的目标，各地可对现有的基本公共服务标准体系进行完善与优化，在标准体系建设中将常住人口设定为服务对象，明确服务项目，分领域、分条目明确服务对象、服务内容和保障标准；建立服务清单动态调整机制，根据实际情况适时进行调整完善。创新基本公共服务资源配置方式，以常住人口规模与分布为重要参数，优化资源布局，作为基本公共服务向常住人口全覆盖的重要支撑举措。

第四，深化政策宣传解读。充分利用网络、报刊、宣讲会、社区活动等多个渠道，向广大居民宣传讲解基本公共服务相关政策内容。重点对基本公共服务的领域、内容、责任单位等进行政策宣传，扩大基本公共服务政策的知晓度，调动居民接受服务的积极性，鼓励居民对服务内容、服务质量提供反馈，促进基本公共服务供给更加优质、高效、精准。

（执笔人：王伶鑫）

参考资料目录：

［1］王郅强，赵昊骏 . "候鸟式"养老群体的公共服务供需矛盾分析：以三亚市为例 [J]. 行政论坛，2019，26（02）：103-109.

［2］张豫南，李芬 . 政府供给"候鸟式"异地养老服务的困境及对策研究：以海南省为例 [J]. 老龄科学研究，2019，7（06）：25-40.

［3］黄慧 . "候鸟式"异地养老群体的养老质量研究：基于三亚市的个案分析 [J]. 特区经济，2020（04）：58-60.